Cord Balthasar

STEINMEIER

Cord Balthasar

STEIN MEIER

Die Biografie

Bibliografische Information der Deutschen Nationalbibliothek:
Die Deutsche Nationalbibliothek verzeichnet diese Publikation in der Deutschen Nationalbibliografie; detaillierte bibliografische Daten sind im Internet über http://d-nb.de abrufbar.

Für Fragen und Anregungen:
info@rivaverlag.de

1. Auflage 2017
© 2017 by riva Verlag, ein Imprint der Münchner Verlagsgruppe GmbH
Nymphenburger Straße 86
D-80636 München
Tel.: 089 651285-0
Fax: 089 652096

Redaktion: Dunja Reulein
Umschlaggestaltung: Isabella Dorsch
Umschlagabbildung: ullstein bild – Boness/IPON
Druck: GGP Media GmbH, Pößneck
Printed in Germany

ISBN Print 978-3-7423-0212-0
ISBN E-Book (PDF) 978-3-95971-412-9
ISBN E-Book (EPUB, Mobi) 978-3-95971-413-6

Weitere Informationen zum Verlag finden Sie unter

www.rivaverlag.de

Beachten Sie auch unsere weiteren Verlage unter www.m-vg.de

Inhalt

Vorwort

Am 16. November 2016 um 12 Uhr 02 traten die Parteivorsitzenden der Großen Koalition im Rahmen einer Pressekonferenz vor die Medien und verkündeten, was im Grunde zu diesem Zeitpunkt bereits jeder wusste oder zumindest ahnte: Man habe sich auf einen gemeinsamen Kandidaten für die Wahl des nächsten Bundespräsidenten geeinigt, und dieser Kandidat sei Frank-Walter Steinmeier. So wenig überraschend der Fakt an sich war, so ungewöhnlich entwickelte sich nichtsdestotrotz die Pressekonferenz – vor allem aus dem Grund, dass die Aussagen der Parteivorsitzenden so deutlich und so überzeugt wie auch überzeugend ausfielen. Was zu der Kandidatur zu sagen war, das fasste zunächst Bundeskanzlerin Angela Merkel mit den Worten zusammen, Steinmeier sei der richtige Kandidat in dieser Zeit – mit einer deutlichen Betonung des Wortes *dieser*.[1] Mit dieser Zeit war unausgesprochen natürlich auch gemeint, es handele sich um eine Zeit, in der die Regierung und die Politiker der etablierten Parteien allgemein um ihr Ansehen und ihre Glaubwürdigkeit zu kämpfen hatten, in der große Gruppen der Wählerschaft sich Populisten zuwandten und deren Worten wesentlich mehr Glauben schenkten als denen von Regierung und parlamentarischer Opposition.

Die bisherige Außenminister Steinmeier sei ein Kandidat, der die Unterstützung sehr vieler Bürger und Bürgerinnen haben werde, so die Kanzlerin. Die Menschen wüssten, er sei ein Mann, dem sie ihr Vertrauen schenken könnten. Seine Erfahrung, seine Fähigkeit zum Ausgleich, seine Bodenständigkeit und seine Kenntnis der Welt jenseits der eigenen Staatsgrenzen – all das mache Frank-Walter Steinmeier zu einem sehr guten Kandidaten für das Amt des Bundespräsidenten der Bundesrepublik. Als dann der SPD-Parteivorsitzende Sigmar Gabriel das Wort ergriff, unterstrich er mit seinen Aussagen im Grunde noch einmal das, was die Kanzlerin zuvor schon ausgedrückt hatte. Frank-Walter Steinmeier sei nicht nur jemand, auf den sich die Spitzen der Großen Koalition einigen konnten, er sei vor allem auch jemand, der auf die Unterstützung sehr vieler Bürger des Landes zählen könne. Gabriel ergänzte dies mit dem Hinweis, bei der Wahl eines Bundespräsidenten trete dessen Parteizugehörigkeit in den Hintergrund, stattdessen würden andere Eigenschaften in den Vordergrund treten – vor allem gehe es in diesem Zusammenhang um ein Maß an Vertrauen über politische Lager hinweg. Denn dieses Vertrauen müsse eine Persönlichkeit genießen, um für das Amt des Bundespräsidenten geeignet zu sein – bei Frank-Walter Steinmeier sei genau das der Fall. Dieses Vertrauen und auch die Integrität brauche man gerade jetzt in einer Zeit und in einem Land der Umbrüche sowie der wachsenden Gegensätze innerhalb der Gesellschaft. Es gehe auch um Verantwortung, unter anderem für die guten Traditionen, die in den vergangenen Jahrzehnten in Deutschland gewachsen seien. Es gehe um Verantwortung für den Frieden in Europa und der Welt, und es gehe um die Verantwortung beziehungsweise das Verantwortungsbewusstsein für die Herausforderungen der Zukunft. Alles in allem verkörpere Steinmeier sowohl die angesprochene Verantwortung als auch das Vertrauen, das Deutschland in diesen Zeiten benötige.

Ein Bundespräsident habe laut Sigmar Gabriel zwar keine exekutiven Aufgaben, aber er habe die Aufgabe, dem Land eine überzeugende Stimme zu geben – und zwar nach innen ebenso wie nach außen. Der neue Präsident müsse über die Kraft des Dialogs in beide Richtungen verfügen – das treffe auf Frank-Walter Steinmeier wie auf keinen Zweiten im Land zu. Er könne zwischen Menschen unterschiedlicher Herkunft und Religion vermitteln, er könne genau das auch tun zwischen wohlhabenden Bürgern und jenen, die soziale Härten zu erdulden haben. Hinzu komme, dass der langjährige Außenminister das Rüstzeug mitbringe, um den Dialog mit den Partner Deutschlands in Europa und der Welt führen zu können. Die Einigung auf den Kandidaten Steinmeier sei eine gute Nachricht für Deutschland, die auch international Gehör finden werde.

Als sowohl Angelika Merkel als auch Sigmar Gabriel den Kandidaten und dessen Kandidatur derart gelobt hatten, war es an der Zeit für den dritten Parteivorsitzenden, die passenden Worte zu finden. Das war CSU-Chef Horst Seehofer, der in den Monaten zuvor nicht unbedingt mit einem Hang zur Einigkeit mit der Kanzlerin aufgefallen war. Ihm und seiner Partei, so Seehofer, komme es nach Joachim Gauck darauf an, wieder einen guten Bundespräsidenten für das Land zu bekommen, Frank-Walter Steinmeier sei dafür sehr gut geeignet. Seehofer unterstrich dessen große Erfahrung auf nationalem wie internationalem Parkett, der Kandidat stehe zudem für Ruhe und Besonnenheit. Außerdem, betonte der CSU-Vorsitzende, sei Steinmeier ein Mann des Ausgleichs. Auch Seehofer hob mit seinen Worten auf die aktuellen Anforderungen an die Politik und den Staat ab: Genau die besagten Eigenschaften brauche man in dieser Zeit besonders stark.

Alle drei Parteivorsitzenden hoben also im Grunde die identischen Eigenschaften beziehungsweise Vorzüge des Kandidaten hervor, und sie taten das in erstaunlicher Klarheit und Kürze. Als sowohl Merkel als auch Gabriel und Seehofer ihre Ausführungen beendet hatten, waren kaum mehr als sechs Minuten verstrichen. Zu diesem Zeitpunkt allerdings hatte einer der Anwesenden noch gar nichts gesagt, und bei dieser Person handelte es sich um Frank-Walter Steinmeier. Der war den lobenden Worten mit meist regungslosem Gesicht und schwer zu deutender Mimik gefolgt, musste nun aber ebenfalls ein Statement zu seiner Kandidatur abgeben.

Wie die drei Parteivorsitzenden kam Steinmeier schnell auf die aktuellen Umstände zu sprechen. Es sei ihm eine Ehre, gerade in diesen stürmischen Zeiten als Kandidat vorgeschlagen worden zu sein. Seine Freude auf die Aufgaben des Bundespräsidenten sei groß, sein Respekt davor sei jedoch noch größer. Er habe in der vergangenen Wochen sehr viele ermunternde Zuschriften bekommen, gleichsam sei die Verantwortung des Amts des Bundespräsidenten gerade in diesen krisenbefangenen Zeiten sehr groß. Genau vor diesem Hintergrund sei das Vertrauen der Menschen in die Demokratie und deren Repräsentanten ein wichtiges Gut. Dieses Vertrauen sei jedoch eine tendenziell sehr knappe Ressource, um die man immer wieder ringen müsse.

Steinmeier beschränkte sich nicht allein auf solche erwartbaren Aussagen, er ergänzte sie mit einem Beispiel, das ein erster Hinweis darauf sein dürfte, wie ein Bundespräsident Steinmeier die ihm eigenen internationale Erfahrung mit der ihm ebenfalls eigenen Bodenständigkeit kombinieren dürfte. Er berichtete nämlich davon, wie er kurz zuvor von einer seiner vielen Reisen in die Krisengebiete der Welt in seinen brandenburgischen Wahlkreis zurückgekehrt sei, wo ihm bei einer Veranstaltung ein Mann eine Frage gestellt habe. Und diese habe darin bestanden, ob man als Bürger dieses Landes angesichts der Umwälzungen in der Welt eigentlich Angst haben müsse um die Zukunft hier in Deutschland. Das, so Steinmeier, sei keine einfache Frage gewesen, auf die es auch keine einfache Antwort gebe. Die Antwort, die er gegeben habe, sei die gewesen, dass sich die Sorgen mit Blick auf die Welt da draußen gut nachvollziehen ließen. In seinem Amt als deutscher Außenminister habe er aber eben auch den anderen Blick erfahren. Nämlich den der Welt auf Deutschland. Genau mit diesem Blick aber könne er gar nicht anders, als zuversichtlich sein. Denn Deutschland verkörpere wie vielleicht kein anderes Land der Welt die Erfahrung, dass aus Krieg Frieden werden kann, dass auch auf Teilung Versöhnung folgen kann. Es verkörpere auch die Erfahrung, dass nach der Raserei von Nationalismus und Ideologien so etwas wie politische Vernunft einziehen kann. Genau das sei etwas, wofür Deutschland stehe, und das sei etwas, das man einbringen könne in diese unfriedlich gewordene Welt.

Steinmeier nannte noch weitere Beispiele für all das, was für die Umwälzungen der Zeit stehe und bei den Menschen für ein Gefühl der Unsicherheit beziehungsweise der Veränderungen sorge. Er sprach den Brexit an, die Wahlen in den USA und auch die angespannte Lage in der Türkei. Das alles seien politische Erdbeben, die an dem Land und den Menschen rüttelten – die jedoch auch für ein Wachrütteln sorgen könnten. Es komme nun vor diesem Hintergrund auf eine lebendige und wache politische Kultur an. Daran wolle er als Bundespräsident mit allen zusammenarbeiten – über Partei-, aber auch soziale Grenzen hinweg. Es gehe ihm um eine Kultur, in der man miteinander streiten, gleichsam aber respektvoll miteinander umgehen könne.

Letztlich dauerte die Pressekonferenz zur Vorstellung des Kandidaten Steinmeier kaum eine Viertelstunde, und diese wiederum teilten sich vier Personen. Trotzdem wurde in der kurzen Zeit sehr viel darüber gesagt, wer Frank-Walter Steinmeier ist und was die Deutschen von ihm als Bundespräsidenten erwarten können. Der Sozialdemokrat ist ein Mensch, der Bürger und auch Politiker aufeinander zubewegen kann, einer, der mehr eint, als dass er Streitigkeiten oder Auseinandersetzungen forciert. Letztlich zeigten die Ausführungen am 16. November einen Frank-Walter Steinmeier, den das politische Deutschland schon seit Jahrzehnten schätzt, den die Bevölkerung aber erst in den letzten rund zehn Jahren wirklich wahrgenommen hat – weil er sich nie in die erste Reihe drängte, sondern vielmehr meist im Hintergrund die Fäden zog. Und wenn er dann doch einmal in der ersten Reihe stand, dann blieb er auch dort er selbst – was von den Bürgern jedoch häufig erst im Nachhinein honoriert wurde, als mit einem gewissen Abstand die Frage aufkam, ob womöglich doch er die bessere Wahl gewesen wäre – so wie im Jahr 2013.

Der Kandidat – Version 1.0

Die Kandidatur Frank-Walter Steinmeiers für das Amt des Bundespräsidenten zeigte nicht zuletzt, dass er eine Person darstellt, auf die sich unterschiedliche politische Richtungen verständigen können – weil er eben mehr eint als entzweit. Das ist sicher aus vielen Blinkwinkeln eine positive Eigenschaft oder ein positiver Charakterzug. Es ist aber auch eine Eigenschaft, die zu einem Problem werden kann, wenn genau das gerade einmal nicht gefragt ist. So wie im Jahr 2009.

Damals kannte die breite Öffentlichkeit Frank-Walter Steinmeier erst seit vergleichbar kurzer Zeit. Bis zum Jahr 2005 hatte er sich als Chef des Bundeskanzleramts eher im Hintergrund gehalten, war jedoch ab 2005 als deutscher Außenminister im Regierungsbündnis zwischen CDU/CSU und SPD auch medial in die erste Reihe getreten.

Der nächste Schritt sollte im Jahr 2009 folgen, als die Sozialdemokraten Steinmeier als Kanzlerkandidaten für die anstehende Bundestagswahl nominierten.[2] Zuvor hatte es eine monatelange Debatte um den Kanzlerkandidaten der SPD gegeben, die Partei galt als zerrissen, und die Gunst der Wählerschaft schien weiter zu schwinden. Als schließlich Frank-Walter Steinmeier zum

Kandidaten gekürt wurde, sahen ihn die Umfragen auf recht verlorenem Posten. Gemessen an der Popularität in der Bevölkerung
hätten zu jener Zeit weiter 48 Prozent auf Angela Merkel gesetzt,
Steinmeier dagegen erhielt nur von 32 Prozent Zuspruch, wenn
es um die Frage ging, wen die Menschen denn wählen würden,
könnten sie Kanzler oder Kanzlerin direkt küren. Umgemünzt auf
die Gesetze des Wahlkampfs aber bedeuten solche Werte, dass
der Kandidat hätte kämpfen und auch mit sehr deutlichen Worten
die unterschiedlichen Positionen hätte erklären müssen, für die
er und eine Kanzlerin Merkel standen. Möglichkeiten dafür bietet ein Bundestagswahlkampf genügend – nicht zuletzt in Form
eines TV-Duells. Eines, wie es auch im Jahr 2009 stattfand, und
zwar am Sonntag, dem 13. September. An diesem Tag zeigten
die vier großen Sender ARD, ZDF, RTL und SAT.1 ab 20 Uhr 30
die als Duell angekündigte Diskussion der beiden Kanzlerkandidaten, moderiert von den Stars der jeweiligen Sender Maybrit
Illner, Frank Plasberg, Peter Kloeppel und Peter Limbourg. Was
die Zuschauer an jenem Abend zu sehen bekamen, war jedoch
kaum als Duell der beiden Kandidaten zu bezeichnen. Wenn es
ein Duell gab, dann fand das bestenfalls zwischen Kandidaten
und Moderatoren statt.[3, 4] So wollte Moderatorin Illner die Kanzlerin mit der Frage provozieren, warum sie als Kanzlerin besser als Steinmeier geeignet sei. Die jedoch verweigerte eine direkte oder klare Antwort, hob vielmehr die gute Zusammenarbeit
beider in der Großen Koalition während der vergangenen Jahre
hervor. Auch insgesamt gingen die Kandidaten während des vermeintlichen Duells betont sachlich miteinander um, vermieden
direkte Angriffe oder die Herabwürdigungen des jeweils anderen – von persönlichen Angriffen ganz zu schweigen. Natürlich
waren beide von ihren jeweiligen Stäben zuvor instruiert wor-

den, die Unterschiede der Positionen deutlich zu machen. Was sie dann auch taten, aber eben wieder vor allem auf einer sachlichen Ebene. Beide machten unterschiedliche Haltungen zum Umgang mit der seinerzeit allgegenwärtigen Finanz- und Wirtschaftskrise deutlich, auch die Meinungen zum Thema Mindestlohn unterschieden sich. Trotzdem blieb die gesamte Diskussion immer auf besagtem sachlichem Niveau. Was einerseits sicher für die Zuschauer in gewissem Maße informativ war, auf Dauer jedoch ein wenig einschläfernd wirkte. Vor allem nahm sich Frank-Walter Steinmeier auf diese Weise die Möglichkeit, sein eigenes Bild beziehungsweise Image in der Form zu schärfen, dass die Wähler nun ihn und seine Partei bevorzugen würden. Erst als zwei Drittel der Sendung und damit eine gute Stunde vorüber war, rang sich Steinmeier zu einem direkteren Angriff auf seine Kontrahentin durch. So nannte er etwa die von der Union geforderten Steuersenkungen nicht bezahlbar. Doch alles in allem blieb es bei einem Duell, das im Grunde keines war. Gerade Steinmeier zeigte sich darin einmal mehr als durch und durch sachliche Person, der es vor allem auf Argumente ankommt und die keinen Streit vom Zaun brechen will allein um des Streits willen. Er war im Grunde einfach jene Persönlichkeit, deren Eigenschaften ihn so geeignet machen für das Amt des Bundespräsidenten, der das Wort »Kampf« im Begriff »Wahlkampf« im Grunde jedoch nicht so richtig in den Kram passte.

Nach der Sendung schien es zunächst noch so, als würden die Zuschauer genau das honorieren. In einer anschließenden Umfrage des ZDF schnitt Steinmeier aller Zurückhaltung zum Trotz in nahezu allen Punkten erstaunlich gut ab. Bei der Frage, welcher der beiden Kandidaten überzeugender aufgetreten war, lagen Merkel und Steinmeier nahezu gleichauf – 42 Prozent fanden

Merkel überzeugender, 43 Prozent stimmten für Steinmeier. Bei den unentschiedenen Wählern lag der SPD-Mann deutlich vorne: 45 Prozent hielten ihn überzeugender, nur 37 Prozent nannten die Kanzlerin. Hinzu kam, dass nur die wenigsten einen derart überzeugenden Auftritt von Steinmeier erwartet hatten. 64 Prozent fanden ihn in dem Duell besser als erwartet, der Kanzlerin gaben diese Wertung gerade einmal 18 Prozent der Befragten. Auch wurde Steinmeier eine Spur sympathischer und angriffslustiger eingestuft. Zudem kam der Kandidat in den Gruppen der unter 35-Jährigen sowie der 35- bis 59-Jährigen besser an.

Insgesamt also ein durchaus respektables oder gar optimistisch stimmendes Ergebnis für Frank-Walter Steinmeier beziehungsweise die Sozialdemokraten, als deren Kandidat er ja an- und auftrat. Allerdings eben nur bis zu einem gewissen Punkt. Mit der ihm gegebenen Sachlichkeit und Zurückhaltung hatte er einen entscheidenden Faktor nicht in seinem Sinne beeinflussen können: Er konnte die Zuschauer und Wähler als Kanzlerkandidat nicht auf seine Seite ziehen oder sie von sich überzeugen. Denn auf die Frage, wer denn ein guter Kanzler wäre, nannten zwar 56 Prozent der Befragten den Namen Steinmeier, deutlich mehr – nämlich 78 Prozent – hielten dagegen die Amtsinhaberin für besser geeignet. Nun ist so ein TV-Duell 14 Tage vor der Wahl natürlich nur eine Momentaufnahme und sagt letztlich herzlich wenig über den Wahlausgang aus. Tatsächlich aber sollte es Steinmeier nicht gelingen, sich in den Köpfen der Menschen als der bessere Bundeskanzler für die kommenden vier Jahre festzusetzen. Vielmehr war das Gegenteil der Fall, und die Bundestagswahl mit dem neuen Kandidaten endete für die Sozialdemokraten in einem Desaster.

Zur Erinnerung: Die Wahl des Jahres 2009 war jene, bei der die Piratenpartei erstmals bei einer Bundestagswahl antrat und immerhin zwei Prozent der Stimmen auf sich vereinigen konnte. Ohnehin handelte es sich um eine Wahl, bei der gerade die kleineren und auch die Oppositionsparteien der vorherigen Legislaturperiode zu den Gewinnern zählten. Sowohl die FDP als auch die Linken und Bündnis 90/Die Grünen gewannen deutlich an Stimmen, konnten sogar jeweils die besten Wahlergebnisse ihrer jeweiligen Parteigeschichte verbuchen – so kam etwa die in den Jahren danach fast in der Bedeutungslosigkeit verschwundene FDP unter dem mittlerweile verstorbenen Guido Westerwelle auf 14,6 der Stimmen, Grüne und Linke überschritten ebenfalls die Zehn-Prozent-Marke. Nur mussten all diese Wähler ja auch irgendwo herkommen. Und sie kamen in nicht wenigen Fällen aus den Lagern der CDU und vor allem der SPD.

So erzielte die Union mit 33,8 Prozent der Stimmen das für CDU und CSU jeweils schlechteste Ergebnis seit 1949, was jedoch gegenüber der Wahl des Jahres 2005 einen Verlust von nur 1,4 Prozent bedeutete.

Die SPD hatte derweil mit wesentlich größeren Problemen zu kämpfen, war sie doch unter ihrem Kanzlerkandidaten in die wohl schwerste Krise ihres Bestehens gerutscht. Gegenüber der Bundestagswahr 2005 büßte die SPD 11,2 Prozent ihrer Wähler ein und kam nun nur noch auf 23 Prozent der abgegebenen Stimmen. Was für die Partei das schlechteste Ergebnis bei einer Bundestagswahl überhaupt bedeutete. Dahinter verbarg sich jedoch nicht allein der Umstand, dass der Kandidat Steinmeier bei den Wählern nicht ankam. Vielmehr hatten die vergangenen Jahre und auch die Emotionslosigkeit des Wahlkampfs zahlreichen Wählern die Lust genommen, überhaupt irgendwo ein Kreuz für einen Kandidaten und dessen Partei zu machen. Als alles ausgezählt war, lag die Wahlbeteiligung bei 70,78 Prozent und war damit die niedrigste in der Geschichte der Bundesrepublik. Nach der Wahl kündigte Frank-Walter Steinmeier eine kritische Auseinandersetzung mit den Ursachen der Stimmverluste an.

Im Grunde hätte an diesem Punkt die Karriere des erfolglosen Kanzlerkandidaten auch in den Reihen der Partei beendet sein können. Doch wie inzwischen bekannt ist, war sie genau das nicht. Er kandidierte zwar nicht wieder als Kanzler, wurde wenige Jahre später jedoch erneut Außenminister und dann eben Kandidat für das Amt des Bundespräsidenten. Weil ein Frank-Walter Steinmeier eben nicht zu emotionalen Überreaktionen neigt, weil er zudem ein vernünftiger und von allen Seiten geachteter Politiker ist. Was ihm jedoch beileibe nicht in die Wiege gelegt wurde.

Ein Junge namens Prickel – wie alles begann

Frank-Walter Steinmeier hat geschafft, was den wenigsten Menschen vergönnt ist: Er hat für zwei der höchsten Ämter des deutschen Staats kandidiert. Er ist zur Wahl des Bundeskanzlers angetreten und damit zur Wahl der faktisch wohl mächtigsten Person im Land – auch wenn dieses Amt laut offiziellem Protokoll nach dem des Bundespräsidenten und des Bundestagspräsidenten erst an dritter Stelle geführt wird. Bekanntlich hat er dieses Amt nach dem Wahldebakel von 2009 nie ausgeübt, dafür sind acht Jahre später seine Chancen für das höchste Amt und damit die Rolle des Bundespräsidenten ungleich höher.

All das war jedoch nicht zu erwarten, als Frank-Walter Steinmeier am 5. Januar 1956 im nordrhein-westfälischen Detmold geboren wurde. Aufgewachsen ist der jungen Steinmeier zudem nicht in der Geburtsstadt und damit der größten Stadt des Kreises Lippe, sondern im nahen Brakelsiek, einem Dorf mit heute noch rund 1000 Einwohnern. Der Ort ist zwar klein, hat aber eine lange, wenn auch äußerst unspektakuläre Geschichte. Erstmals urkundlich erwähnt wurde Brakelsiek vor mehr als 500 Jahren, nämlich im Jahr 1510. Wie es heißt, leitet sich der Name von einer längst aufgegebenen Siedlung mit dem Namen Brake in Kombination mit dem Begriff Siek ab, der vor allem im östlichen Westfalen für eine feuchte Niederung steht. Viel mehr gibt es über diesen Ort dann auch nicht zu sagen. Wer heute nach Informationen über Brakelsiek sucht, der wird nicht viel mehr finden, als dass das Dorf im Lipper Bergland liegt und von der Landstraße 886 durchzogen wird. Der östliche Ortsteil zählt zudem zum Landschatzschutzgebiet Schwalenberger Wald, das zum Schutz von Hochstaudenfluren sowie Waldmeister-Buchenwald ausgewiesen wurde und in dem sich Kammmolch, Schwarzstorch sowie der Hirschkäfer heimisch fühlen.

Wenn Frank-Walter Steinmeier sich an seine Kindheit erinnert, dann nutzt er dafür Beschreibungen wie jene auf seiner offiziellen Homepage: »Ich bin ein Kind der Bundesrepublik. Ich wuchs auf, als die Nachkriegszeit zu Ende ging. Hatten unsere Eltern noch Not und Verzweiflung erlebt, konnten wir Kinder schon darauf vertrauen, dass der Tisch gedeckt war. Brakelsiek heißt der Ort, aus dem ich stamme. Er liegt in Lippe am östlichen Rand Nordrhein-Westfalens. Es ist echte deutsche Provinz. Vom Wirtschafts-Wunder redete man nicht viel.«[5]

Tatsächlich sind die Hintergründe der Familie Steinmeier doch eine Spur komplexer und auch wechselvoller. Der Vater Walter Steinmeier wurde 1923 geboren. Er entstammte einer Familie, deren Vorfahren seit Generation in der Region Lippe als Landwirte tätig waren – und dabei mehr schlecht als recht über die Runden kamen. Noch der Großvater Frank-Walter Steinmeiers musste bis in die 1930er-Jahre alljährlich seine Familie verlassen, um als sogenannter Lippischer Ziegler andernorts das Einkommen aufzubessern. Der Begriff Lippische Ziegler steht traditionell für Saisonarbeiter, die vom 17. bis hinein ins 20. Jahrhundert in Ziegeleien in Nordwestdeutschland, den Niederlanden und auch Dänemark arbeiteten, um ihre Familien ernähren zu könne. Und zwar unter wahrhaft widrigen Bedingungen: Sie schufteten täglich bis zu 16 Stunden lang im Akkord, danach konnten sie sich in äußerst kargen Unterkünften ein wenig erholen und mussten sich vom hart verdienten Geld auch noch selbst verpflegen. Um überhaupt über die Runden zu kommen, fertigten die Männer in ihrer Freizeit zusätzlich Gebrauchsgegenstände wie Fußwärmer an, die sie nach ihrer Rückkehr im Winter dann in den heimischen Dörfern verkauften. Im Lauf des 20. Jahrhunderts jedoch versiegte die Einkommensquelle der Lippischen Ziegler, da ihre Arbeit zunehmend von Maschinen übernommen wurde. Steinmeiers Vater war daher bereits kein Landwirt mehr, sondern verdiente sein Geld als Tischler.

Der Hintergrund der Mutter Ursula Steinmeier wiederum war ein völlig anderer. Sie kam nicht aus der Region, war auch kein Kind vom Land. Ihre Heimat lag im heutigen Polen, genauer gesagt kam sie aus Breslau. Anders als Brakelsiek bot Breslau das Gegenteil einer ländlichen Umgebung – die Stadt ist heute mit 830 000 Einwohnern die viertgrößte Polens. Während des Zweiten Weltkriegs hatte auch Breslau unter Luftangriffen zu leiden. Die ersten fanden am 7. Oktober 1944 statt, hatten jedoch deutlich geringere Zerstörungen zur Folge als in anderen, vor allem westdeutschen Städten – deshalb wurde Breslau von den Bürgern des Deutschen Reichs spöttisch oder zynisch »Reichsluftschutzkeller« genannt.

Doch auch diese vermeintliche Sicherheit hielt nicht lange an. Der Zweite Weltkrieg hatte seinen Wendepunkt bereits deutlich überschritten und war vor allem durch Niederlagen aufseiten des

Deutschen Reichs geprägt. Mit der Folge, dass am 20. Januar 1945 der Befehl zur Evakuierung der Stadt gegeben wurde. Daraufhin flohen rund 75 Prozent der gesamten Bevölkerung aus der Stadt – und zwar mitten im Winter bei Schnee, Eis und klirrender Kälte. Während ihrer Flucht starben Tausende Menschen, entweder infolge der Witterung oder durch Angriffe des russischen Militärs auf die Flüchtlingstrecks.

Ursula Steinmeier war zur Zeit des Kriegsendes gerade einmal 15 Jahre alt, aber sie schaffte es immerhin lebend in das gut 700 Kilometer entfernte Nordrhein-Westfalen. Dort fand sie sich in einer gänzlich unbekannten Umgebung wieder, lebte nicht mehr in einer pulsierenden Stadt, sondern in einem Dorf mit ganz anderem Tagesablauf.

Wie Frank-Walter Steinmeier berichtete, fühlte die Mutter sich zunächst um ihre Ausbildung und auch um ihre Träume betrogen. Doch sie fand einen Weg, sich in die ländliche Gemeinschaft zu integrieren. Mittel zum Zweck waren nicht zuletzt der Sport und der Frauengesangsverein. Vor allem war es wohl der Gesang, der den Weg für die Zukunft ebnete: Denn zu jenem Zeitpunkt war der noch junge Walter Steinmeier im Männergesangsverein aktiv. Ursula lebte sich ein, lernte ihren Mann Walter kennen und gebar knapp elf Jahre nach Kriegsende ihren ersten Sohn Frank-Walter. Eine Geschichte, wie sie wohl in nahezu jeder Stadt und jedem Dorf im Deutschland der Nachkriegszeit in ähnlicher Form stattfand.

Genau wie die Geschichte der Männer und Frauen jener Zeit, die einfach anpackten, wenn es etwas zu tun gab. Und anzupacken gab es nach dem Krieg immer wieder etwas, vor allem für einen gelernten Handwerker wie den jungen Familienvater Walter Steinmeier. Der hatte im August 1955 seine Ursula geheiratet, die fünf Monate später ihren gemeinsamen Sohn zur Welt brachte – dass der offensichtlich bereits vor der Eheschließung gezeugt worden war, dürfte für manches Kopfschütteln gesorgt haben, von einem echten Skandal war dieser Umstand aber im Nachkriegsdeutschland schon weit entfernt. Schließlich ging es auf dem Dorf auch um Zusammenhalt und nicht darum, jemanden aus der Gemeinschaft auszuschließen. Und diese Gemeinschaft konnte einen Handwerker wie Walter Steinmeier gut gebrauchen – etwa um einen Sportplatz und das dazugehörige Vereinsheim zu errichten.

Außerdem war für den Familienvater noch das zu tun, was gerade zu jener Zeit im Grunde wie selbstverständlich zur Gründung einer Familie zählte: Er hatte für ein Dach über dem Kopf zu sorgen. Was nichts anderes bedeutete, als dass Vater Steinmeier seiner Familie ein Eigenheim errichtete. Was allerdings nicht sofort geschah. Wie der Autor Torben Lütjen in seinem 2009 erschienenen Buch *Frank-Walter Steinmeier – Die Biografie* schrieb, kam es dazu erst Mitte der 1960er-Jahre – und zwar weitgehend in Eigenregie und mit der Hilfe von Freunden und Verwandten.[6] Bis zur Fertigstellung des Hauses am Ortsrand sollten rund vier Jahren vergehen.

Damit dieser Bau überhaupt zu finanzieren war, arbeitete nicht nur der Vater hart, auch Ursula begnügte sich nicht mit dem Dasein als Ehefrau und Mutter. War sie zunächst in einer Pinselfabrik angestellt, nahm sie danach eine Anstellung als Forstarbeiterin an. Genau das wiederum sollte zu einer bleibenden Kindheitserinnerung des Frank-Walter Steinmeier werden. Noch im Jahr 2009 hielt er eine Rede im Rahmen eines Symposiums der Peter Maffay Stiftung unter der Überschrift »Begegnungen – Schutzräume für Kinder«.[7]

Diese Rede war recht lang, sie enthielt aber auch eine Passage, in der der damalige Außenminister sehr persönlich wurde: »Der Raum meiner Kindheit, an den ich die vielleicht intensivsten Erinnerungen habe, das ist eigentlich kein geschlossener Raum. Sondern das sind die Schonungen oberhalb meines Heimatdorfs. Meine Mutter arbeitete dort, wie man bei uns sagte, ›im Forst‹, wie viele Flüchtlingsfrauen! Den ganzen Sommer, mehrere Sommer habe ich verlebt mit Gleichaltrigen von morgens früh bis spätnachmittags. Ohne Not, ohne Angst. Das ist, zugegebenermaßen, eine sehr schöne Kindheitserinnerung. Und ich kann Ihnen versichern, so idyllisch, wie es sich jetzt anhört, war es auch nicht. Sondern das war mit harter Arbeit für die Erwachsenen verbunden.« Schon früh erlebte er also ein Gefühl von Gemeinschaft, aber damit auch das Gefühl, diese Gemeinschaft sei immer nicht zuletzt mit Arbeit verbunden – was dann wieder zurück zu jenem Steinmeier führt, der im Vorfeld der Bundespräsidentenwahl von Versöhnung sprach und davon, die verschiedenen Schichten der Gesellschaft nicht weiter auseinanderdriften zu lassen, sie vielmehr wieder zueinander zuführen.

Während seiner Kindheit hat Steinmeier dieses Erleben sicher nicht als so weitreichend empfunden, er hat es so empfunden, wie Kinder das nun einmal tun – als angenehm, als gut, und nicht als unangenehm und schlecht.

Ohnehin ist der Lebensweg des Dorfjungen kaum von Brüchen geprägt. Es war ein Leben, wie es in zahllosen Orten des damaligen Deutschlands gelebt wurde. Mit einem klitzekleinen Unterschied: Die meisten wissen oder ahnen zumindest, worauf ihr Spitzname beruht, Frank-Walter Steinmeier und die restlichen Bewohner Brakelsieks wissen es nicht. Was man weiß, ist, dass der Junge Frank und nicht Frank-Walter gerufen wurde und man ihn außerdem Prickel nannte. Nur hat eben niemand eine Ahnung, wie es dazu gekommen ist. Steinmeier selbst hat einmal scherzhaft seine Karriere als junger Fußballer dafür verantwortlich gemacht: Womöglich habe er einmal einem anderen Spieler den Ball auf den nackten Oberschenkel geschossen, was dann bei dem durchaus das Gefühl eines Prickelns ausgelöst haben könnte. Aber auch das ist eben nur der Versuch einer Erklärung, die rund 50 Jahre nach der Erfindung des Spitznamens gegeben wurde.

Was allerdings keiner versuchten Erklärungen bedarf, ist die Fußballerlaufbahn des jungen Steinmeier. Denn die begann und verlief so selbstverständlich, wie sie auch heute noch bei Millionen Jungs abläuft. Frank-Walter Steinmeier mochte Fußball, und er wollte Fußball spielen. Also tat er, was Jungen in einer solchen Situation eben tun: Er trat in den Fußballverein des Orts ein. Schließlich hatte er es da nicht weit zum Training – das Gelände des Sportplatzes grenzte an das Grundstück des elterlichen Hauses.

Dieser Verein war der TuS 08 Brakelsiek, ein Turn- und Sportverein, der heute noch aktiv ist und inzwischen sein 100. Jubiläum feiern konnte, zu dem im Jahr 2008 auch das wohl prominenteste Mitglied eingeladen war und erschien – was ganz nebenbei erklärt, welchen Ursprung die 08 in Vereinsnamen hat, 1908 gegründet, im Jahr 2008 100 Jahre alt geworden.

Für Frank-Walter Steinmeier ist der Verein nicht nur ein Lebensabschnitt, er ist bis heute Teil seines Lebens – denn die Vereinsmitgliedschaft hat er nie abgelegt. Seine fußballerische Karriere begann in der Jugendmannschaft. Oder wie Steinmeier selbst es in den Erinnerungen an seine Jugend im Internet zusammenfasst: »Zehn Jahre lang spielte ich jeden Sonntag für den TuS 08 Brakelsiek, anfangs in der Abwehr, dann als Libero, später im rechten Mittelfeld. Nicht der begnadete Filigrantechniker, dafür großes Kämpferherz und langen Atem, und ein solider Teamspieler – das bin ich heute noch.«[8]

Und tatsächlich erinnern sich bis heute ehemalige Mitspieler an den designierten Bundespräsidenten. So erschien in der Zeitschrift *Stern* im Vorfeld der Bundeskanzlerkandidatur Steinmeiers im Jahr 2009 ein Portrait, in dem frühere Weggefährten beziehungsweise Mitspieler zu Worte kamen.[9] Einer von ihnen beschrieb den Politiker als durchaus ehrgeizig auf dem Platz und als einen, der nicht verlieren konnte. Steinmeier habe schon als Junge gewusst, was er wollte. Dieser einstige Mitspieler bestätigte ganz nebenbei, dass Steinmeier mit seiner oben zitierten Einschätzung des eigenen Talents gar nicht so falsch lag: Er sei zwar nicht der große Techniker gewesen, dafür aber ein wahrer Kämpfer. Was alles in allem keinesfalls negativ gemeint war. Vor allem kam in den Erinnerungen des Mitspielers eine weitere Eigenschaft des jungen Steinmeiers zur Sprache, die ihn damals wie heute auszeichnet: Er sei abgesehen von seinem Spielkönnen nicht zuletzt immer auch ein äußerst loyaler Mensch gewesen.

Natürlich ist es schön, wenn ein Junge auf dem Fußballplatz seinen Spaß und Erfolge hat. Aber Fußball ist eben nicht das Leben, sondern nur ein Teil davon, und gerade in jungen Jahren gibt es auch noch einen großen anderen Teil, an den sich mancher mit deutlich weniger Enthusiasmus erinnert: die Schule. Die hatte natürlich im Leben des Frank-Walter Steinmeier ebenfalls ihren Platz. Und in Brakelsiek hatte diese Schule zudem den für Kinder nicht zu unterschätzenden Vorzug, dass sie direkt neben dem Sportplatz stand, wie der *Stern* für sein Portrait des damaligen Kanzlerkandidaten recherchierte. Benannt war diese Schule nach Friedrich Wienke. Dieser Herr Wienke war einerseits ein

Dichter, lebte andererseits jedoch ein ähnliches Leben wie Steinmeiers bäuerliche Vorfahren. Geboren wurde der spätere Heimatdichter am 20. September 1860 in Brakelsiek als Kind einfacher Bauern. Er hatte sechs Geschwister und musste sich nach dem Besuch der Volksschule schon mit 14 Jahren als Wanderarbeiter verdingen, um das zum Leben Nötigste zu verdienen. Während er sich mit meist eintönigen Arbeiten abplagte, fielen ihm jedoch erste Verse ein, was später dann in der Veröffentlichung zweier Bücher mündete.[10]

Nach den Recherchen des *Stern* beherbergte der nach Friedrich Wienke benannte Bau bis zum Jahr 1979 die Volksschule, die dann aufgelöst wurde. Im neuen Jahrtausend wurden die Räumlichkeiten als Bücherei und als Übungsraum des Spielmannszugs genutzt.

Frank-Walter Steinmeier besuchte die Schule in seinem Heimatdorf vier Jahre lang, und zwar in seinen ersten vier Schuljahren zwischen 1962 und 1966. Auch zu dieser Zeit wurde für das Portrait im *Stern* ein Zeitzeuge gefunden, nämlich ein Lehrer, der den jungen Steinmeier in dessen drittem und viertem Schuljahr als Klassenlehrer unterrichtete – in Deutsch, Mathematik, Sachkunde und Religion. Der Schüler sei immer sehr nett gewesen, berichtete der pensionierte Lehrer, er habe zudem immer auch sehr ausgleichend innerhalb der Klassengemeinschaft gewirkt. Er sei außerdem sehr zuvorkommend aufgetreten, sei immer präsent und ein guter Schüler gewesen, dem anzumerken war, dass er aus einem guten Elternhaus kam. An die Schulnoten seines inzwischen so bekannten einstigen Schülers allerdings konnte sich der Lehrer nicht mehr erinnern. Der Frank sei in einer guten Klasse gewesen, in der es einige Schüler gegeben habe, die »auf Zack« waren – und in diesem Umfeld sei er nicht aus der Reihe getanzt.

Nach der vierten Klasse auf der Volks- beziehungsweise Grundschule stand dann allerdings eine wichtige Entscheidung im Leben des inzwischen gerade zehnjährigen Kindes an. Nämlich die, wie es denn hinsichtlich der schulischen Laufbahn weitergehen sollte, was letztlich auf die Entscheidung hinauslief, ob der Junge die Realschule besuchen oder doch auf das Gymnasium gehen solle. Mit genau dieser Frage sei Mutter Steinmeier dann auf ihn zugekommen, erinnerte sich der Klassenlehrer. Verbunden mit der Klage, sie können ihrem Jungen etwa beim Englischunterricht mangels eigener Kenntnisse ja gar nicht helfen. Er habe der Mutter trotzdem geraten, ihren Jungen auf das Gymnasium zu schicken, und das sei seiner Überzeugung nach auch die richtige Entscheidung gewesen.

Frank-Walter Steinmeier wiederum hat eine ganz eigene Erinnerung und eine ganz eigene Überzeugung in Zusammenhang mit seiner Kindheit und nicht zuletzt der eigenen schulischen Entwicklung. So schrieb er in einer Zusammenfassung seines Werdegangs einmal über seine Überzeugung, jedes Kind würde von seinen Eltern einen meist unausgesprochenen Auftrag mit auf den Lebensweg bekommen.[11] Zentral sei für ihn dabei die Aussage, jemand, der sich bilde, könne etwas gestalten und lasse sich zudem nicht so leicht von anderen herumschubsen oder für dumm verkaufen. Das habe seine Mutter wörtlich zwar nie gesagt, sie habe es aber sicherlich geglaubt und es ihm daher vermittelt. Er habe also ein Leben führen sollen, dessen Richtung nicht durch andere, sondern allein durch die eigene Urteilskraft bestimmt werde. Er habe ein selbstbestimmtes Leben führen sollen, und genau das sei allein durch Bildung möglich.

Let It Bleed – Jugendjahre eines Präsidenten

Bezogen auf seine weitere schulische Laufbahn nach den ersten vier Schuljahren erinnert sich Frank-Walter Steinmeier dann wörtlich so: »Als es darum ging, ob ich den Schritt aufs Gymnasium wagen sollte, kam meine Mutter aus der Elternsprechstunde und sagte mir: ›Nun musst du es selbst wissen.‹ Diejenigen meiner Klassenkameraden, die außer mir in Frage gekommen wären, würden nicht mitkommen. Mir war mulmig, aber ich empfand das als unausgesprochene Ermutigung, ohne die ich wahrscheinlich den Mut nicht gefunden hätte, Ja zu sagen.« Finanziell wäre ihm dieser Schritt ohne die sozialliberalen Reformen der frühen 70er-Jahre gar nicht möglich gewesen. Diese Option, sich weiterentwickeln zu können, habe er immer als Glück wahrgenommen.

Aber zurück zu den Erinnerungen der Brakelsieker, die den jungen Steinmeier erlebt haben. Bis heute ist es fast ein Ding der Unmöglichkeit, den Weggefährten jener Zeit eine wie auch immer geartete negative Erinnerung zu entlocken. Die Reaktionen sind im Grunde immer die gleichen, und sie sind zumeist äußerst positiv. Ehrgeizig sei der Prickel zwar gewesen, aber das ist ja nicht die schlechteste Eigenschaft, vor allem, wenn sie wie bei dem jungen Frank mit weiteren positiven Eigenschaften einhergeht, etwa mit der, dass er immer sehr zuverlässig gewesen sei und sich niemals in den Mittelpunkt gedrängt habe. Auffällig an diesen und vielen anderen Erinnerungen ist allerdings ein Fakt: Niemand weiß von einer Anekdote aus dem Leben des junge Frank, einem Ereignis, von dem man etwa belustigt, aber ohne Häme sprechen kann. Es gibt keine Erinnerungen an einen pubertierenden Jugendlichen, der sich in der einen oder anderen Form danebenbenommen hat, keine Erinnerungen an aus dem Ruder gelaufene Feiern oder Ähnliches. Einer Anekdote am nächsten kommt dann bestenfalls der Umstand, dass der Prickel ja schon immer recht schlecht gesehen habe und daher eine Brille trug. Die Brille allerdings ist nicht per se der belustigende Faktor. Der besteht vielmehr in einer Sonnenbrille mit entsprechend starken Gläsern. Denn mit dieser sei der Prickel auch auf dem Fußballplatz aufgelaufen und zudem auf einem Mannschaftsfoto verewigt – einen Fußballspieler mit Sonnenbrille findet dann mancher doch ein wenig belustigend. Vielleicht aber allein aus dem Grund, weil es daneben eben so gar keine Erinnerung gibt, die als lustig oder zumindest belustigend eingestuft werden könnte. Denn der Frank, so sagen sie im Ort, der sei schon vor 30 Jahren so gewesen, wie er heute immer noch ist. Oder wie es das Portrait im *Stern* ausdrückt: Der sei kein Hampelmann, kein Sprücheklopfer und auch kein Scharfmacher.

Doch die Zeit, in der sich das Leben des jungen Frank ausschließlich in Brakelsiek abspielte, endete nach der vierten Klasse. Tatsächlich war damals der Entschluss gefallen, den Jungen aufs Gymnasium zu schicken. Zu jener Zeit Mitte der 1960er-Jahre war es bereits nicht mehr ungewöhnlich, dass Eltern der

Arbeiterklasse ihre Kinder auf höhere Schulen schicken. Trotzdem war Frank-Walter Steinmeier laut Biograf Torben Lütjen[12] das einzige Kind aus seiner Grundschulklasse, das diesen Weg ging. Die Schule der Wahl stellte das neusprachliche Gymnasium in Blomberg dar. Diese Stadt hatte das Vielfache der Größe des Dorfs Brakelsiek, was jedoch nicht wirklich viel bedeutet. Denn mit seinen gut 15 000 Einwohnern ist Blomberg bis heute eine Kleinstadt geblieben, über die es bis auf die gut erhaltene historische Altstadt wenig zu sagen gibt. Abgesehen von dem einen Umstand, dass in der Blomberger Ortschaft Mossenberg-Wöhren im Jahr 1944 eine Person geboren wurde, die im späteren Leben des erwachsenen Frank-Walter Steinmeier noch eine wichtige Rolle spielen sollte: Altbundeskanzler Gerhard Schröder. Vorerst allerdings gab es zwischen den beiden Personen nicht zuletzt wegen des Altersunterschieds von mehr als zehn Jahren keine Berührungspunkte.

Vielmehr bestand die wichtigste Veränderung im Leben Steinmeiers darin, dass er nun täglich die Beschaulichkeit seines Heimatdorfs zu verlassen hatte, um in Blomberg das Gymnasium zu besuchen. Was sich einfacher anhört, als es seinerzeit tatsächlich war. Denn Blomberg und Brakelsiek trennt zwar nur eine Distanz von zehn Kilometern und damit einer Viertelstunde Fahrt, doch das Nahverkehrssystem war längst noch nicht so ausgeklügelt, wie es sich Jahrzehnte später darstellt. Steinmeier erinnert sich daran, dass zu jener Zeit nur zweimal am Tag ein Bus aus Brakelsiek abfuhr, und Blomberg hat sich ihm ebenfalls nicht gerade als eine pulsierende Metropole eingeprägt. Denn wo der Bus hinfuhr, so Steinmeier, da sei im Grunde nicht viel mehr los gewesen. Alles in allem hat sich die Zeit seiner Jugend in Form eines Gefühls von Stillstand eingeprägt, dem er letztlich entfliehen wollte.

Zu seiner Schulzeit in Blomberg hat sich Frank-Walter Steinmeier nur selten und dann wenig ausführlich geäußert. Doch auch hierzu liegen Berichte von Zeitzeugen vor, die sich an jene Jahre und damit an den jungen Frank sehr genau erinnern können. Einer davon stammt von einem Schulfreund Steinmeiers und wurde im September 2008 in der Rubrik »Eines Tages« auf *Spiegel Online* veröffentlicht.[13] Demnach fand die erste Begegnung der beiden im Jahr 1967 statt. Der spätere Schulfreund war damals zwölf Jahre alt, und er war gerade sitzen geblieben. In seiner neuen Schulklasse traf er auf den ein Jahr jüngeren Frank.

Wenn man nun in einer Klasse und einer Stadt sei, so der Schulfreund, dann orientiere man sich fast schon automatisch an Mitschülern, die aus der gleichen Gegend wie man selbst kämen. Er stamme aus einem Ort, der nur drei Kilometer von Steinmeiers Heimatdorf Brakelsiek lag. Also habe er als Neuer in der Klasse den Anschluss gesucht, und bald schon habe man die Schulpausen gemeinsam verbracht, habe sich schnell wirklich angefreundet.

Der Schulfreund sprach ebenfalls von der recht beschwerlichen und zeitraubenden täglichen Anfahrt zur Schule. Der Bus habe für die kaum 15 Kilometer eine runde halbe Stunde benötigt, da er über die Dörfer fuhr und dort immer wieder anhielt, um Schüler einzusammeln. Darunter auch Frank-Walter Steinmeier, der an der dritten Station in Brakelsiek zustieg.

In der Schule selbst sei Frank-Walter ein ruhiger und besonnener Junge gewesen. Er sei nie durch Pöbeleien, lautes Lamentieren oder gar schlimmere Aktionen aufgefallen. Gerade weil er so ausgeglichen erschien, habe der Schulfreund sich zu Steinmeier hingezogen gefühlt. Vor allem hätte man sich mit ihm gut unterhalten können, und zwar über die verschiedensten Themen.

Dabei habe Steinmeier zudem nie vorschnell oder gar unüberlegt und spontan geantwortet – er habe vielmehr immer erst einen Moment überlegt und seine Antwort dann in wohlüberlegten Worten gegeben. Dazu muss noch einmal betont werden, dass es sich bei den beiden seinerzeit noch um Kinder handelte.

Wie die Brakelsieker Zeitzeugen hat der Schulfreund noch eine weitere Erinnerung. Nämlich die, dass Steinmeier nie ein unüberlegter oder übermütiger Klassenclown war. Er habe nie einen Streich gespielt oder in anderer Form irgendwelchen Blödsinn angestellt.

Recht oft hätten sich die beiden Schüler verabredet, um gemeinsam die Hausaufgaben zu machen. Was wegen der dürftigen Verkehrsverbindungen ebenfalls mit einem gewissen Aufwand verbunden war. Der Schulfreund erinnerte sich daran, die wenigen Kilometer von seinem Heimatort nach Brakelsiek getrampt zu sein. Dort habe man dann neben den Hausaufgaben recht wenig unternommen. Man habe zusammengesessen und sich unterhalten, sei dann und wann mal durch das Dorf gezogen, in dem es allerdings kaum etwas zu erleben gab. Insgesamt sei das tägliche Leben in der Jugend nicht sonderlich abwechslungsreich gewesen.

Irgendwann sei es dann aber mit den Mädchen »losgegangen«. Der Sohn eines Lehrers habe einen Partykeller gehabt, in dem man sich an den Samstagen getroffen habe, als die beiden Jungen zwischen 15 und 16 Jahre alt waren. Zu diesen Treffen wurde dann sogar mal ein Fässchen Bier besorgt, jeder brachte seine Schallplatten mit, und man habe sich den Mädchen genähert.

Apropos Schallplatte: Frank-Walter Steinmeier berichtete einmal, er habe sich als erste Platte das Album *Let It Bleed* der Rolling Stones gekauft. Dieses Album erschien im Winter 1969 als achtes Studioalbum der Band, und es war die letzte Platte, auf der der im Juli 1969 verstorbene Leadgitarrist Brian Jones zu hören war. *Let It Bleed* enthielt als neunten und letzten Titel einen Track, der zu einer zeitlosen Hymne wurde und der sich ohne Weiteres auf das spätere Leben des Frank-Walter Steinmeier übertragen lässt: »You can't always get what you want.«

Für den jungen Steinmeier stand diese Platte aber noch für eine ganz andere Entscheidung, nämlich die zwischen den beiden größten und erfolgreichsten Bands dieser Zeit. *Let It Bleed* bedeutete für ihn nicht zuletzt die Entscheidung gegen die Beatles und für die Rolling Stones, denen er musikalisch im Grunde bis heute treu geblieben ist.

Aber zurück zu den Erinnerungen des Schulfreunds und zu den ersten Kontakten der beiden Jugendlichen zum weiblichen Geschlecht. Auch in dieser Hinsicht blieb der junge Frank dem Bild treu, das Zeitzeugen von ihm haben: Er war alles andere als ein Draufgänger oder gar ein Aufschneider, der die Mädchen mit wilden Geschichten auf sich aufmerksam zu machen versuchte. Vielmehr zeigte er sich erneut als eine eher zurückhaltende Person, was jedoch zur Folge hatte, dass die Mädchen oder jungen Frauen ihn aus genau diesem Grund mochten. Steinmeier selbst habe die Mädchen erst einmal sehr genau beobachtet, bevor er sich auf eine von ihnen einließ beziehungsweise Nähe zuließ.

Schon damals hätten jedoch nicht nur die zwischengeschlechtlichen Beziehungen im Leben des Frank-Walter Steinmeier eine Rolle gespielt, zunehmend hielt bereits die Politik Einzug in seine Gedankenwelt. Schon als Pennäler sei Steinmeier »sozialdemokratisch angehaucht« gewesen, und er sei zu Zeiten des Abiturs dann bereits den Sozialdemokraten beigetreten. Wie wichtig diese Politik und die Menschen, die diese Politik machten, dem

Schüler Steinmeier damals schon waren, das unterstreicht eine weitere Erinnerung des ehemaligen Mitschülers und Freunds.

Die dreht sich um einen Tag, an dem der Mitschüler wieder einmal über die Dörfer trampte. Dabei wurde er schließlich von einem Herren mitgenommen, der sich als relativ wichtige Person innerhalb des örtlichen SPD-Kreisverbands offenbarte und der den jungen Mitfahrer während der Fahrt entsprechend politisch zu bearbeiten versuchte.

Später erzählte der Mitschüler Frank-Walter Steinmeier von diesem Erlebnis, der bei der Erzählung aus allen Wolken fiel. Allerdings nicht wegen des Umstands, dass ein Politiker einen jungen Tramper zu beeinflussen versuchte. Vielmehr handelte es sich bei ihm um eine Person, die schon zuvor Steinmeiers Interesse geweckt hatte. Der fragte den Mitschüler und Freund nun, ob er die Telefonnummer des Mannes notiert hätte und ob man ihn eventuell sogar einmal besuchen könne. Der Mitschüler konnte auf diese Fragen jedoch nur mit einem Nein antworten – war er doch vor allem froh gewesen, den Mann wieder los zu sein, der während der Autofahrt so intensiv auf ihn eingeredet hatte. Frank-Walter Steinmeier dagegen zeigte sich bitter enttäuscht, dass nicht er selbst als Tramper auf den SPD-Funktionär gestoßen war – hätte er sich doch liebend gerne einmal mit diesem Mann unterhalten.

Der Tag, an dem Willy Brandt (nicht) nach Blomberg kam

Bemerkenswert an diesen Erinnerungen ist außerdem die Angabe, der spätere Außenminister habe sich in seiner Jugend kaum für die Außenpolitik interessiert, es sei eher die Innenpolitik gewesen, die ihm am Herzen gelegen habe. Ein Umstand, der wiederum recht genau zu den Erinnerungen Frank-Walter Steinmeiers passt.

Der gab nämlich Schülern seines einstigen Gymnasiums im Jahr 2009 ein erstaunlich umfangreiches Exklusiv-Interview.[14] Dabei wurde er unter anderem zu einem Gerücht befragt, ein Besuch des damaligen Bundeskanzlers Willy Brandt an eben jenem Gymnasium habe Steinmeiers Entscheidung maßgeblich beeinflusst, sich selbst politisch zu engagieren. Tatsächlich aber besuchte der Kanzler im April 1972 laut Steinmeier nicht persönlich das Gymnasium, gleichwohl aber wären in Blomberg alle Augen auf Brandt gerichtet gewesen. Das Stichwort in diesem Zusammenhang hieß Misstrauensvotum.

Willy Brandt hatte in den Jahren seiner Kanzlerschaft die nach dem Zweiten Weltkrieg immer tiefer gewordenen Gräben zwischen dem Westen und dem Ostblock zu glätten versucht. Dazu zählten auch neue Verträge mit der damaligen DDR und mit Polen. Für Meinungsverschiedenheiten und sogar Proteste sorgte gerade der Vertrag mit Polen, in dem die sogenannte Oder-Neiße-Grenze festgeschrieben wurde. Damit verzichtete die Bundesrepublik faktisch auf ehemalige deutsche Ostgebiete, die nach dem Ende des Zweiten Weltkriegs von Polen und der Sowjetunion verwaltet worden waren. Das sorgte für massive Proteste vonseiten der CDU/CSU und der Vertriebenenverbände. Was wiederum zu dem konstruktiven Misstrauensvotum führte, mit dem die Regierung Brandt abgesetzt beziehungsweise der Kanzler gestürzt werden sollte. Der Tag, an dem genau das stattfand, war es, an den sich Steinmeier im Interview mit den Schülern seines ehemaligen Gymnasiums erinnerte. Denn dieses Misstrauensvotum war ein Vorgang, der zu jener Zeit die Menschen im Land intensiv beschäftigte und der kaum jemanden kaltließ – auch nicht die noch jungen Schüler eines Gymnasiums in Blomberg.

Deren Interesse an den Vorgängen sei vielmehr so groß gewesen, dass die Lehrer den Unterricht ausfallen ließen, die Schüler in der Aula zusammenriefen und anschließend ein Fernsehgerät in den Raum rollten, das die Vorgänge übertragen sollte. Es habe sich um einen damals schon recht alten Kasten gehandelt, dessen Bildschirm flimmerte – trotzdem sei die Anspannung fast greifbar gewesen bei den Schülern, noch mehr allerdings bei den Lehrern. Man habe die Abstimmung mit angehaltenem Atem verfolgt. Bis das Ergebnis vorlag und das große Aufatmen einsetzte: Willy Brandt würde Kanzler bleiben. Er selbst, sagte Steinmeier in dem Interview, habe die Szenerie beziehungsweise die Abstimmung heute noch so lebhaft in Erinnerung, als hätte sie gerade erst gestern stattgefunden.

Die Schüler hätten sich gemeinsam mit Willy Brandt als Sieger gefühlt – Sieger in einem entscheidenden Ringen um die Zukunft des Landes. Die Jugendlichen hätten sich nicht zuletzt aus dem Grund mit dem Kanzler identifiziert, weil sie das Gefühl hatten, dort solle eine Person wegen ihrer aufrechten demokratischen Haltung und ihres außergewöhnlichen Lebenswegs im Widerstand gegen die NS-Diktatur ausgegrenzt werden. Man habe ganz einfach Sympathie für jemanden empfunden, der die junge Generation zum Mitmachen einlud – mit dem großen Ziel, »mehr Demokratie zu wagen«.

Der erste große Anstoß und die Erfahrung, sich einmischen zu müssen, wenn man Dinge verändern will, seien jedoch schon vor diesem denkwürdigen Tag erfolgt. Dabei ging es allerdings nach Steinmeiers Angaben gar nicht einmal um die ganz große Politik, sondern um ein Jugendzentrum in der Gemeinde. Solche Orte habe es zu jener Zeit im Grunde noch gar nicht gegeben, doch man habe dieses Jugendzentrum durchgesetzt. Rückblickend habe es sich dabei um keine große Sache gehandelt, für den Gymnasiasten und seine Mitstreiter habe es sich damals jedoch wie ein kleiner Sieg angefühlt. Weil den Jugendlichen in diesem Zusammenhang erstmals bewusst wurde, sie könnten tatsächlich etwas bewegen, wenn sie es wirklich wollten und sich dafür auch intensiv einsetzten. Den Jugendtreff würde es heute und damit Jahrzehnte nach dessen Gründung immer noch geben.

Trotz solchen Engagements hätte der ehemalige Mitschüler nie damit gerechnet, dass aus dem Frank einmal der Politiker Steinmeier würde. Wie er in seinen Erinnerungen für *Spiegel Online* berichtete, sah er seinen Freund seinerzeit eher als künftigen Lehrer, vielleicht für das Fach Geschichte. Denn selbst wenn er sich für etwas wie ein Jugendzentrum engagierte, ein wirklicher

Drang nach oben oder in den Vordergrund sei bei ihm nicht feststellbar gewesen.

Doch die Zeit auf dem Gymnasium in Blomberg hatte einmal ein Ende, und wie fast jeder Schüler stand Frank-Walter Steinmeier vor der Frage, was er danach mit sich anfangen wollte. Das Abitur hatte er in der Tasche, aber seine Zukunftspläne bestanden vornehmlich in dem Wissen, wegzuwollen. Weg aus der ländlichen Umgebung, die sich noch immer vornehmlich durch ihre Eintönigkeit auszeichnete.

Für Steinmeier bedeutete dieser Weg zunächst einmal Wehrdienst. Zwar war das Recht auf eine Verweigerung des Dienstes an der Waffe längst im Grundgesetz verankert, doch der junge Sozialdemokrat dachte nicht einmal daran. Dieses Thema sei zu Beginn der Siebzigerjahre in den ländlichen Regionen – wie in seiner Heimat – noch gar nicht angekommen beziehungsweise präsent gewesen.

Außerdem habe er sich nie wirklich als einen Pazifisten verstanden. Die Erklärung dazu aus Steinmeiers eigener Feder liest sich so: »Ich las immer viel, fraß Zeitungen geradezu, und ich ahnte, dass Frieden nicht ohne die Fähigkeit, sich zu verteidigen, erhalten werden konnte.«[15] Also leistete der Abiturient nun ab 1974 zunächst einmal seinen Wehrdienst ab, und zwar bei einer Luftwaffeneinheit in Goslar, wo er den Dienstgrad des Obergefreiten erreichte.

Nicht zuletzt aber dachte er während seiner Zeit bei der Bundeswehr darüber nach, was er später studieren wollte. Und da standen sich durchaus verschiedene Studienfächer gegenüber, mit denen er liebäugelte. Eines dieser Fächer war Publizistik, da er sich zu dieser Zeit noch mit der Überlegung beschäftigte, Journalist zu werden. Und dann gab es da einen zweiten Studiengang, für den er sich interessierte, der gleichsam aber wieder in eine gänzlich andere Richtung wies: Es war die Architektur. Als Steinmeier jedoch 1976 sein Studium begann, hatte er sich gänzlich umentschieden. Er sah seine Zukunft nicht mehr als Journalist, wollte auch nicht mehr als Architekt Stadtbilder beeinflussen. Seine Wahl fiel vielmehr auf ein Studienfach, mit dem er sich für die Zukunft am besten gerüstet fühlte: Jura beziehungsweise die Rechtswissenschaften. Ab dem Jahr 1980 wurde dieses Studium an der Justus-Liebig-Universität in Gießen noch durch das Fach Politikwissenschaften ergänzt.

Der Kontakt zu dem Schulfreund aus den Zeiten des Gymnasiums war nach dem Abitur und dem damit verbundenen Ortswechsel vorübergehend ein wenig verloren gegangen, er war damit jedoch nicht dauerhaft beendet. Der Schulfreund erinnerte sich vielmehr daran, es habe bald immer wieder Klassentreffen gegeben, bei denen beide sich erneut über den Weg liefen und ihre Freundschaft auffrischen konnten. Steinmeier hätte zu jener Zeit eine Freundin aus einem Nachbarort gehabt, er selbst hatte ebenfalls eine Freundin, sodass man sich nun immer wieder einmal zu viert traf. Man sei in den späten Siebziger- und frühen Achtzigerjahren ein befreundetes Quartett gewesen, das sich in der alten Heimat Brakelsiek traf.

Es kam so auch zu einem Treffen an einem Tag, als sich Steinmeiers Studium dem Ende zuneigte. Der habe gesagt, er sei nun so weit fertig mit dem Studium und es sei ihm eine Richterstelle angeboten worden. Der Freund habe darauf gemeint, wie toll das sei, so eine Stelle müsse man einfach annehmen. Er selbst sei ein wenig stolz darauf gewesen, einen Freund zu haben, der nun Richter werden würde. Nur sah dieser Freund die Sache etwas anders. Ihm sei zwar die Richterstelle angeboten worden, er

wolle sie aber nicht annehmen. Weil er sich nicht vorstellen könne, in der Rolle eines Richters sein Leben zu verbringen. Denn
während des Studiums hatte Steinmeier sich nicht nur auf seine
Fächer konzentriert, auch sein schon immer präsentes Interesse
an der Politik war weiter angefacht worden. Im Jahr 1975 war er
daher in die Partei eingetreten, der er seitdem die Treue hält: die
Sozialdemokratische Partei Deutschlands. Er trat nicht nur in die
Partei ein, er wurde darin auch schnell aktiv.

Ohnehin war Frank-Walter Steinmeier einer jener Studenten,
die sich nicht ausschließlich auf ihr Studium beziehungsweise
das Studienfach konzentrierten. Da er nicht aus einem wohlhabenden Hause stammte, konnte er kaum auf finanzielle Zuwen-
dungen der Eltern hoffen. Wollte er seine Mittel aus BAföG und
dem später hinzugekommenen Stipendium der Friedrich-Ebert-
Stiftung aufbessern, dann musste er das durch Arbeit tun. Was
auch der Fall war: Wie Steinmeier sich erinnert, hat er während
der Semesterferien in einem Fahrzeugbetrieb und später auch in
einer Möbelfabrik gearbeitet. Dort habe er Tausende von Nuss-
baumschränken mit einem Barfach ausgestattet, was damals der
letzte Schrei gewesen sei.

Hinterhof, linke Haushälfte – feiern und studieren

Dass Frank-Walter Steinmeier nebenher arbeitete, hieß jedoch keinesfalls, er hätte sein Studium nicht wirklich ernst genommen oder es nicht mit der gebotenen Intensität betrieben – das Gegenteil war der Fall. Schließlich bedeutet der lateinische Begriff Studium, nach etwas zu streben beziehungsweise sich um etwas zu bemühen. Und dieses Etwas ist vor allem das Wissen, das es zu erlangen gilt. Genau danach strebte Steinmeier, und zwar über die Grenzen seines Studienfachs hinaus. Was sich an vielen Punkten jener Zeit festmachen lässt.

Zunächst einmal ging es aber am Studienplatz Gießen um das Nötigste und damit nicht zuletzt um eine Unterkunft. Der designierte Bundespräsident selbst sagte dazu einmal[16], ihm sei der Gedanke wenig attraktiv erschienen, die kommenden Jahre in einem zwölf Quadratmeter kleinen Zimmer eines Studentenwohnheims verbringen zu müssen. Also sah er sich nach einer Alternative um, und diese bestand, wie bei Tausenden anderen Studenten auch, in einer Wohngemeinschaft. Niemand allerdings konnte damals wohl ahnen, dass aus dieser Wohngemeinschaft eine dauerhafte Einrichtung werden würde. Insgesamt sollte Frank-Walter Steinmeier nämlich 20 Jahre seines Lebens in Wohngemeinschaften verbringen, 15 davon lebte er in Gießen. 14 dieser 15 Jahre wiederum verbrachte Steinmeier in ein und derselben Wohnung beziehungsweise Wohngemeinschaft. Und zwar im Gießener Ortsteil Wieseck in den Räumen einer ehemaligen Zigarrenfabrik. »Hinterhof, linke Haushälfte«, wie Steinmeier sich erinnert. Dieser Hinterhof befand sich damals in der Gießener Straße, die nach Angaben der Regionalzeitung *Gießener Allgemeine* inzwischen in Brunnengasse umbenannt wurde.[17]

Doch handelte sich bei der Adresse nicht einfach um eine Behausung, deren Miete sich verschiedene Personen teilten, es war vielmehr eine Wohngemeinschaft, wie sie im Buche steht. Eine Wohnung nämlich, in der man sich traf, um zu diskutieren, zu debattieren. Wie es an der Adresse seinerzeit tatsächlich zuging, auch dazu hat Steinmeier der *Gießener Allgemeinen* ausführlich Rede und Antwort gestanden. Das Blatt zitierte ihn unter anderem mit diesen Worten: »Für einen, der wie ich vom Dorf kam, war das genau das Richtige. Viele Gespräche und viel Gemeinschaft. Für uns war die Wohngemeinschaft aber eher eine nützliche Sache und keine Frage der alternativen Weltanschauung.« Er habe fast 20 Jahre in WGs gelebt, auch mit seiner Familie, als er längst Chef der Staatskanzlei war. Vor allem den Spaß und die Gemeinschaft habe er geschätzt.

Das hört sich wieder einmal sehr sachlich an und daher auch so, wie die Menschen jenen Frank-Walter Steinmeier kennen, der ihnen als Außenminister in den vergangenen Jahren abends in den Nachrichten die Lage in der Welt erläuterte. Doch die Gemeinschaft jener Zeit hatte durchaus noch andere Facetten, wie sich Steinmeier gegenüber der *Gießener Allgemeinen* im Jahr

2009 ebenfalls erinnerte. Dabei ging es auch um eine Frage, die wohl kaum jemand mit dem seriösen Herrn Steinmeier unserer Zeit verbindet: Ob der nämlich zu seinen Studienzeiten ein eifriger Feten- oder Partygänger gewesen ist. Die Antwort auf diese Frage lautete: »Feten haben wir nicht nur besucht, sondern selbst veranstaltet. Im Übrigen habe ich selten so viel diskutiert wie in meinen ersten Studienjahren. Gemeinsame Lesegruppen, Diskutiergruppen, all das gab es. Wir haben das Studium schon sehr ernst genommen.« Es gab also zu jener Zeit durchaus schon ein Wechselspiel aus der Lust am Vergnügen und der Lust am Erlangen von mehr Wissen. Das alles fand zudem nicht nur in besagter Wohngemeinschaft statt, sondern auch in Studentenkneipen, die es in Gießen wie an jedem anderen Universitätsstandort gab – und wieder spielte auch der Kontakt zum anderen Geschlecht ein Rolle, dieses Mal allerdings in einer besonderen und zudem im Leben des Frank-Walter Steinmeier endgültigen Form. Der Lokalzeitung sagte er zu diesem Thema: »An die Studentenkneipen, in denen die Kerzen auf Bierdeckeln klebten, erinnere ich mich gut. Das Schönste von damals habe ich zum Glück heute in meiner Nähe: In Gießen habe ich meine Frau Elke kennengelernt.«

Elke, das ist Elke Büdenbender, mit der Steinmeier seit dem Jahr 1995 verheiratet ist. Zu ihr wird es im Verlauf dieses Buchs noch einiges zu sagen geben, da sie wesentlich mehr als nur »die Frau an seiner Seite« verkörpert. Vorerst soll es jedoch bei einigen Informationen über ihre familiären Hintergründe und das Kennenlernen des späteren Ehepaars bleiben.

Elke Büdenbender stammt aus einem Umfeld, das durchaus mit dem des Frank-Walter Steinmeier zu vergleichen ist. Geboren wurde sie im Jahr 1962 in Salchendorf im Siegerland – einem Ort, der mit heute rund 1200 Einwohnern durchaus an Steinmeiers Heimatdorf Brakelsiek erinnert. Auch Elke Büdenbenders Vater war Tischler, wie der von Steinmeier. Und wie ihr späterer Ehemann war sie das erste Kind der Familie, das ein Universitätsstudium aufnahm. Damit aber noch nicht genug der Gemeinsamkeiten: Vielmehr war Elke Büdenbender ebenfalls schon sehr früh politisch interessiert und aktiv. Zunächst absolvierte sie nach einem ersten Schulabschluss eine Lehre als Industriekauffrau, holte dann aber ihr Abitur nach und trat schon während ihrer Zeit auf dem Gymnasium den Sozialdemokraten bei. Nach dem Abitur wollte sie studieren und machte sich dabei womöglich ähnliche Gedanken, wie es bei Frank-Walter Steinmeier der Fall war. Denn diese Gedanken mündeten in dem Wunsch, Jura zu studieren, und sie führten sie außerdem in die Universitätsstadt Gießen, wo sie 1988 einen 24-jährigen Studenten kennenlernte, der äußerlich so gar nichts gemein hatte mit dem Bild, das die Menschen heute von dem Politiker Steinmeier im Kopf haben. Natürlich waren dessen Haare damals noch nicht so schlohweiß, wie es inzwischen der Fall ist. Sie waren zudem aber auch sehr lang, und das Gesicht des jungen Mannes verbarg sie hinter einem üppigen Vollbart.

Zu der Geschichte des Kennenlernens des jungen Paars gehören aber nicht nur diese beiden Personen, es war noch eine weitere Frau im Spiel, die jedoch nicht in Konkurrenz mit der aufkeimenden Beziehung stand. Das war Brigitte Zypries, die es ebenfalls zu einiger Bekanntheit und einer bemerkenswerten politischen Karriere bringen sollte. So weit, dass sie von 2002 bis 2009 das Amt der deutschen Justizministerin innehatte.

Zypries wurde im Jahr 1953 geboren und ist somit drei Jahre älter als Frank-Walter Steinmeier. Auch sie studierte in Gießen Jura und schloss dieses Studium im Jahr 1978 mit der Ersten Juristischen Staatsprüfung ab. Zu dieser Zeit lernten Steinmeier und

Zypries sich kennen, es entstand eine Freundschaft, die beide bis heute verbindet.

Steinmeier war damals wissenschaftlicher Mitarbeiter bei den Professoren Ridder und Bryde, Zypries war ebenfalls wissenschaftliche Mitarbeiterin, jedoch bei einem anderen Professor.

Der wichtigste Fakt aus jener Zeit besteht allerdings darin, dass sowohl Zypries als auch Steinmeier für die Redaktion der linken Quartalszeitschrift *Demokratie und Recht* – kurz *DuR* – arbeiteten.

Beide zählten sogar zur Stammredaktion der Zeitschrift, deren Impressum jedoch nur den schon angesprochenen Professor Ridder ausgewiesen habe, wie sich ein Zeitzeuge und Weggefährte erinnert.[18] Gegründet worden war die *DuR* demnach im Jahr 1973 nach dem Vorbild der italienischen Zeitschrift *Democrazia e Diritto* zur Abgrenzung gegenüber einem »Rechtsnihilismus«, wie ihn andere Zeitschriften vertreten hätten.

Rückblickend vor allem interessant ist aber der Umstand, dass bei *DuR* auch Mitglieder der Deutschen Kommunistischen Partei DKP sowie deren Anhänger Einfluss hatten und dass *DuR* als eine Art Speerspitze des juristischen Kampfes gegen Berufsverbote vor dem Hintergrund des sogenannten Radikalenerlasses eingestuft wurde. Dieser Erlass besagte seit 1972, die aktive Verfassungstreue sei eine Einstellungsvoraussetzung für den öffentlichen Dienst, die Mitgliedschaft in einer verfassungsfeindlichen Organisation wiederum begründe in der Regel Zweifel an besagter Verfassungstreue und rechtfertige daher auch eine Ablehnung einer Einstellung.

Das alles zusammen führte schließlich auch dazu, dass die *DuR* ebenso wie ihre Redaktion unter der Beobachtung des Verfassungsschutzes stand. Allerdings endete die Arbeit Steinmeiers in der Redaktion bald, und zwar aus ungewöhnlichen Gründen. Der schon angesprochene Zeitzeuge zitierte zu den Hintergründen dazu in einem Artikel für die *Frankfurter Allgemeine Zeitung* den Verfassungsschutzbericht des Jahres 1984. Darin hieß es, dass die Redaktion gegen Ende des Jahres aus Protest gegen die »Verengung« der Arbeitsmöglichkeiten zurückgetreten sei. »Mit ihrer Praxis, auch Beiträge mit Kritik an orthodox-kommunistischen Positionen zu akzeptieren, sei sie an ›unüberwindliche, durch die gegebene Verbindung von Verlag und aktiver Herausgebermehrheit bedingte immanente Grenzen‹ gestoßen.«

Der Zeitzeuge erinnert sich auch daran, er habe Steinmeier in einem Sommer wiedergetroffen und mit diesem das »Theater« um die *DuR*-Redaktion diskutierte. Dabei sei es nicht nur um Scharmützel mit den »Verächtern des juristischen Positivismus« oder Anhängern einer »alternativen Auslegung« gegangen, sondern auch um einen Antisemitismus von linker Seite. Steinmeier habe durchaus erregt von einem eingereichten Israel-Beitrag eines *DuR*-Mitgründers berichtet, den man habe »rausschmeißen« müssen.

Das alles trug sich 1984 zu, und die Begegnung mit seiner späteren Frau Elke Büdenbender lag seinerzeit noch vier Jahre in der Zukunft. In der Realität des Jahres 1984 hatte Steinmeier im Grunde gleichzeitig zwei Enden zu verkraften – das Ende des Projekts *DuR* und kurz zuvor auch das Ende einer anderen Beziehung. Denn bereits vor Elke Büdenbender lebte er in einer längeren Beziehung. Die erste Frau an Steinmeiers Seite hieß Waltraud, und er kannte sie aus seiner Zeit am Gymnasium, wie der *Stern* vor Jahren recherchierte.[19] Mit dieser Frau blieb er bis hinein in seine Studienzeit insgesamt rund 14 Jahre zusammen, schreibt Biograf Torben Lütjen.[20] Diese Waltraud soll auch einer der Gründe gewesen sei, dass Steinmeier sein Studium in Gießen antrat – sie habe nämlich Sonderschulpädagogik studieren können, und es habe wenige Orte gegeben, an denen dieses Fach ebenso wie Jura angeboten wurde. Auch die schon beschriebene Zeit in den Wohngemeinschaften verbrachte Steinmeier zunächst nicht mit wechselnden und vor allem männlichen Mitbewohnern, er wohnte dort vielmehr gemeinsam mit Freundin Waltraud.

Im Jahr 1983 jedoch endete die gemeinsame Zeit. Damals sei Waltraud für ein Referendariat nach Oberhausen gezogen. Danach führten beide noch eine Zeit lang eine Fernbeziehung, doch wie so viele Fernbeziehungen hielt auch diese nicht der zunehmenden Entfremdung stand. Man trennte sich, wenn auch wohl nicht Steinmeier selbst in dieser Hinsicht die treibende Kraft gewesen ist. Denn in der Folge soll der ansonsten meist gut gelaunte und fröhliche junge Herr Steinmeier zutiefst traurig gewesen. Dass wenig später dann zudem das Ende seiner kurzen Journalistenkarriere bei *DuR* nahte, dürfte seine grundlegende Laune nicht wirklich verbessert haben.

Doch auch in dieser Phase kann man nicht davon sprechen, Frank-Walter Steinmeier hätte sich hängen gelassen. Schon 1982 bestand er das erste juristische Staatsexamen, das zweite folgte im Jahr 1986. Zudem war er immer noch mit Leib und Seele Student. Dabei vergrößerte er jedoch nicht nur sein eigenes Wissen, er initiierte auch Vorlesungsreihen zu Themen wie der Zukunft der Arbeit oder Obdachlosigkeit.

Doch selbst die intensivste Studienzeit geht einmal zu Ende, und Steinmeier fasste diese Phase so zusammen: »Nach dem Studium absolvierte ich mein Referendariat in Frankfurt, ging aber für Assistenzzeit und Promotion zurück an die Justus-Liebig-Universität in Gießen, der ich als Student, wissenschaftlicher

Mitarbeiter, Assistent und Doktorand bis 1991 verbunden blieb. Es war eine Zeit der persönlichen und politischen Freiräume. Viele meiner Überzeugungen bildeten sich während meines Studiums; intensives Lesen und Diskutieren schärften meinen Blick auf Politik und Gesellschaft. Ohne die Möglichkeiten und die Begegnungen in Gießen wäre ich nicht der, der ich heute bin.«[21]

Genau in diese Zeit fiel dann auch das Kennenlernen seiner späteren Frau Elke Büdenbender. Dieses Zusammentreffen geschah im Jahr 1988, und beide waren zu diesem Zeitpunkt längst keine Kinder oder unerfahrene Jugendliche mehr. Frank-Walter Steinmeier feierte in jenem Jahr immerhin schon seinen 32. Geburtstag, Elke Büdenbender war 26. Zwar heißt es von Mitstudenten jener Zeit, der Frank – den längst niemand mehr Prickel rief – habe selbst in seiner Freizeit abseits der Hörsäle ausschließlich über Politik und Jura gesprochen, doch was immer er zu Elke Büdenbender sagte, muss dann doch Eindruck auf die junge Frau gemacht haben, und beide wurden ein Paar.

444 Seiten über Bürger ohne Obdach

Für Steinmeier allerdings stand wenig später dann doch wieder ein anderes Thema im Vordergrund, seine Dissertation. An der arbeitete er insgesamt rund zwei Jahre, und sie behandelte ein Thema, das im Zusammenhang mit dem bisherigen Leben schon zur Sprache gekommen war – Obdachlosigkeit. Um genau zu sein, lautete der Titel dieser im Jahr 1991 eingereichten Arbeit »Bürger ohne Obdach: zwischen Pflicht zur Unterkunft und Recht auf Wohnraum; Tradition und Perspektiven staatlicher Intervention zur Verhinderung und Beseitigung von Obdachlosigkeit«. Zu den Hintergründen der Wahl dieses Themas schreibt Steinmeier auf seiner Homepage: »Meine Doktorarbeit trug den Titel: ›Bürger ohne Obdach‹. Ich hatte vorher in der Rechtsberatung der Obdachlosenhilfe gearbeitet. Das ließ mir keine Ruhe. Wohnungslosigkeit wurde viel zu oft nur als polizeirechtliches Problem gesehen. Ich meinte, es muss vor allem als soziale Frage aufgegriffen werden.«[22]

Wie viele Menschen mitbekommen haben dürften, gibt es selbst innerhalb der Sozialdemokratischen Partei durchaus unterschiedliche Herangehensweisen an das Thema der Obdachlosigkeit beziehungsweise Armut. Unvergessen ist etwa bis heute der Ausspruch des ehemaligen Parteivorsitzenden Kurt Beck, der im Jahr 2006 Hartz-IV-Empfänger Henrico Frank riet, er solle es doch erst mal damit versuchen, sich zu waschen und zu rasieren. Eine derart hemdsärmelige Herangehensweise ist und war auch damals von einem Frank-Walter Steinmeier nicht zu erwarten. Das politische Magazin *Cicero* fasste das, was Steinmeier in seiner Dissertation schrieb, in einem Artikel so zusammen: Auf 444 Seiten vertiefe sich der spätere Chef des Bundeskanzleramtes in die polizei- und sozialhilferechtlichen Besonderheiten der armutsbedingten Wohnungslosigkeit – und zwar umfänglich und staubtrocken. Und komme dabei zu dem Ergebnis, dass es sich anböte, ›die Pflicht des Staates zum Bau und Erhalt preisgünstigen Wohnraums für breite Bevölkerungskreise als Verfassungsauftrag festzuschreiben und diesen zu verbinden mit einem grundrechtsähnlichen Verfassungsrecht, das dem häufigsten Entstehungsgrund für den Eintritt in die unterste Schleife der Obdachlosenkarriere ein unüberwindbares verfassungsrechtliches Hindernis entgegenstellt‹. Rund 18 Jahre später sei Steinmeier nun Vizekanzler der Bundesrepublik. Von einem Vorstoß zur verfassungsrechtlichen Absicherung Wohnbedürftiger wäre von ihm bislang jedoch nichts zu hören gewesen. »Doch vielleicht wird sich der Jurist im kommenden Wahlkampf an seine Doktorarbeit erinnern«, so Cicero.[23] Das wichtigste Ergebnis dieser Arbeit war für Frank-Walter Steinmeier aber zunächst wohl jenes, dass er damit sein Ziel erreichte: Im Jahr 1991 wurde er in Gießen zum Dr. jur promoviert.

Niemand konnte damals allerdings ahnen, dass das noch nicht das Ende des Themas Promotion sein sollte. Denn mehr als 20 Jahre später etablierte sich in Deutschland eine teils recht seltsame Mode. Jene nämlich, die Doktorarbeiten prominenter Persönlichkeit auf den Prüfstand zu stellen und in den Texten vor allem nach Plagiaten zu fahnden. Aufgekommen ist diese Entwicklung durch die Beschäftigung mit der Doktorarbeit des ehemaligen Verteidigungsministers Karl-Theodor zu Guttenberg, dem tatsächlich schwerwiegende Fehler nachgewiesen werden konnten und der im Rahmen der darauffolgenden Plagiatsaffäre im Jahr 2011 sämtliche politischen Ämter niederlegte.

Von diesem Erfolg »inspiriert«, wurden danach weitere Doktorarbeiten von Politikern unter die Lupe genommen. Manchmal mit mehr, manchmal auch mit weniger Erfolg.

So musste die ehemalige Bundesbildungsministerin Annette Schavan ihren Doktortitel wegen Plagiaten im Jahr 2013 abgeben, Verteidigungsministerin Ursula von der Leyen durfte den Titel behalten, da ihr ein minderschwerer Fall attestiert wurde.

Im Jahr 2013 nun geriet auch Frank-Walter Steinmeier in das Visier der Plagiatswächter. Zu jener Zeit wurde berichtet, der Hochschullehrer Uwe Kamenz aus Münster habe bei der Universität Gießen eine Überprüfung von dessen Doktorarbeit angeregt. Wie die Zeitschrift *Focus* aus einer E-Mail zitierte, wären laut Kamenz die »Voraussetzungen für ein Überprüfungs- und ggf. Entzugsverfahren des Doktortitels« gegeben.

Nun war der angesprochene Professor Kamenz nicht irgendwer, vielmehr hatte genau der rund zwei Jahre zuvor mit der Ankündigung für Aufsehen gesorgt, er wolle nicht weniger als 1000 Doktorarbeiten von Politikern unter die Lupe nehmen. Mit dem erklärten Ziel, »Plagiate in Deutschland auszurotten«, wie ihn *Spiegel Online* seinerzeit zitierte.[24]

Das Thema gärte nach den ersten Berichten über die Vorwürfe im September 2013 rund zwei Monate vor sich hin, bis dann im November des Jahres weitere Fakten folgten. Es habe sich gezeigt, so schrieb *Spiegel Online* sinngemäß, dass Steinmeier zum Zeitpunkt des Verfassens seiner Doktorarbeit nicht alle Nuancen des Zitierens beherrscht habe, jedenfalls nicht alle des wissenschaftlichen Zitierens. »In seiner Doktorarbeit hat er mehrfach An- und Abführungszeichen, die ein Zitat kennzeichnen, nicht korrekt verwendet«, erläuterte der Artikel.[25]

Seinen Doktortitel dürfe der Politiker trotzdem behalten, entschied die Universität Gießen. Denn der Arbeit liege weder eine Täuschungsabsicht noch ein wissenschaftliches Fehlverhalten zugrunde. Es handele sich vielmehr um Zitierfehler und handwerkliche Schwächen. Die Prüfer hätten außerdem sogar die Originalität der enthaltenen Kerngedanken gelobt. Das Verfahren gegen Steinmeier wurde daraufhin eingestellt.

Wie gesagt, trug sich all das mehr als 20 Jahre nach dem Einreichen der Dissertation zu, die in der Zwischenzeit vermutlich kaum jemand gelesen hatte. Im tatsächlichen Leben des Frank-Walter Steinmeier standen zudem mit dem Ende der Achtzigerjahre vollkommen andere Themen im Mittelpunkt. Sah es nämlich lange Jahre so aus, als würde sich seine Laufbahn in Richtung Wissenschaft und damit auch Universitätskarriere bewegen, änderte sich das nun vollkommen. Die Veränderung war nicht nur drastisch, sie vollzog sich zudem in einem atemberaubenden Tempo. Mit verantwortlich dafür war ein Mann, der ohnehin nicht gerade für zögerliches Handeln bald deutschlandweit bekannt werden sollte: der spätere Bundeskanzler Gerhard Schröder.

Schröder oder
die Nähe zur Macht

Im Jahr 1990 war Deutschland ein anderes Land als jenes, in dem Frank-Walter Steinmeier aufgewachsen war. Galt es für Menschen seiner Generation lange als unangenehme Selbstverständlichkeit, in einem geteilten Land zu leben, wuchsen West- und Ostdeutschland nun in atemberaubender Geschwindigkeit wieder zusammen. Die Öffnung der Berliner Mauer am 9. November 1989 markierte den endgültigen Zerfall des politischen Systems in der ehemaligen Deutschen Demokratischen Republik, und bis zum Beitritt der DDR zur Bundesrepublik Deutschland am 3. Oktober 1990 sollte kaum ein Jahr vergehen.

Die Zeit zwischen diesen beiden Terminen war von einer einzigartigen Stimmung gezeichnet, die sich ohne große Übertreibung als eine Euphorie bezeichnen lässt. Schließlich war etwas geschehen, das nach Jahrzehnten der Teilung kaum mehr für möglich gehalten wurde. Diese Euphorie spiegelte sich aber nicht nur in der Stimmung der Menschen wieder, sie hatte vielmehr auch Auswirkungen auf die politische Situation im Land. Kaum ein Name ist mit diesem Wandel und dessen Folgen neben Helmut Kohl stärker verbunden als Gerhard Schröder.

Schröder war im Jahr 1990 gerade einmal 46 Jahre alt, und bis zu seiner Wahl zum Bundeskanzler sollten noch acht Jahre vergehen. Trotzdem ist auch seine Laufbahn in dieser Zeit eng mit dem Wandel in Deutschland verbunden. Bei der Bundestagswahl im Jahr 1980 kandidierte Schröder erstmals für einen Sitz im Bundestag, dem er danach sechs Jahre angehörte.

Bei der niedersächsischen Landtagswahl im Jahr 1986 gelangen der SPD unter Schröders Führung zwar deutliche Stimmengewinne, sie verfehlte jedoch das Ziel, stärkste Fraktion zu werden. Die CDU wiederum verlor zwar ihre absolute Mehrheit, schaffte es jedoch, mit der FDP eine Koalition mit einer knappen Mehrheit zu bilden und unter Ministerpräsident Ernst Albrecht weiterzuregieren. Schröder legte daraufhin sein Bundestagsmandat nieder und wechselte als Oppositionsführer und SPD-Fraktionschef in den niedersächsischen Landtag.

Im Jahr 1990 folgte die nächste Landtagswahl, bei der die SPD mit Gerhard Schröder als Spitzenkandidat antrat. Diese Wahl bestätigte einen Trend, der schon vier Jahre zuvor erkennbar gewesen war, ohne jedoch entsprechende Konsequenzen zur Folge zu haben. Schon 1986 hatte die CDU Stimmen verloren, konnte aber weiter die Regierung bilden. 1990 setze sich dieser Trend fort, die CDU verlor erneut Stimmen der Wähler. Die SPD wiederum konnte, wie gesagt, schon 1986 einen Aufwärtstrend verzeichnen, der sich jetzt unter Gerhard Schröder noch einmal verstärkte – sie legte um 2,1 auf 44,2 Prozent der Stimmen zu. Doch auch die CDU konnte immer noch 42 Prozent der Wählerstimmen auf sich vereinen, hinzu kamen 6,0 Prozent des bisherigen Koalitionspartners FDP, was bei einer erneuten Koalition wieder gereicht hätte. Wenn nicht Schröder etwas gewagt hätte, das es in der Bundesrepublik bis dahin nur zweimal gegeben hatte und das sicher nicht zuletzt auch durch die besondere Stimmung im Land möglich wurde: eine rot-grüne Regierungskoalition zwischen der SPD und der Partei der Grünen.

Vor allem sollte die rot-grüne Koalition in Niedersachsen die erste sein, die für eine ganze Legislaturperiode Bestand hatte. Die erste rot-grüne Regierung hatte es 1985 in Hessen gegeben, und zwar mit dem grünen Umweltminister Joschka Fischer. Diese Koalition zerbrach jedoch schon 1987 nach nur 14 Monaten.

Eine weitere rot-grüne Koalition war im Jahr 1989 in Berlin unter Walter Momper von der SPD als Regierendem Bürgermeister entstanden, allerdings nicht mit den Grünen, sondern mit der Alternativen Liste AL als Koalitionspartner. Diese Koalition aber zerbrach bereits im November 1990 nach einem Streit über die Räumung besetzter Häuser.

Nun also Niedersachsen: Bei der Landtagswahl im Jahr 1990 hatten die Grünen ihr Ergebnis der vorherigen Landtagswahl bestätigt und erneut 6,0 Prozent der Stimmen gewinnen können. Gemeinsam hätten SPD und Grüne somit 50,2 Prozent der Stimmen, was einer absoluten Mehrheit entsprach.

So kam es auch: Am 21. Juni 1990 wurde in Niedersachsen die erste rot-grüne Regierung unter Gerhard Schröder als Ministerpräsident gebildet. Ihr gehörten auch zwei Minister – beziehungsweise ein Minister und eine Ministerin – aus den Reihen der Grünen an. So ergänzte als Frauenministerin Waltraud Schoppe das Kabinett, die als Gründungsmitglied der Partei Die Grünen galt. Sie war seit 1983 auch Mitglied des Deutschen Bundestags, aus dem sie nun ausschied, um die neue Aufgabe zu übernehmen – später sollte sie von 1994 bis 1998 wieder in den Bundestag zurückkehren. Wesentlich präsenter in der Erinnerung der meisten Menschen ist jedoch der Name des zweiten grünen Ministers in diesem ersten Kabinett Schröder: Es handelte sich um Jürgen Trittin, der hier als Minister für Bundes- und Europaangelegenheiten geführt wurde. Trittin war zuvor Fraktionsvorsitzender der Grünen im niedersächsischen Landtag und sollte Jahre später als Umweltminister unter Kanzler Gerhard Schröder auch Mitglied der Bundesregierung werden.

Nun hat das alles auf den ersten Blick wenig mit Frank-Walter Steinmeier zu tun. Auf den zweiten Blick jedoch sehr viel, und es sollte mitentscheidend für dessen weitere Karriere werden.

Dass in Niedersachsen 1990 die rot-grüne Koalition die Arbeit aufnehmen sollte, das bedeutete für diese Regierung nicht zuletzt, dass man einen Stab brauchte. Was im Klartext wiederum hieß: Man brauchte Leute, vor allem fähige, die den Ministerpräsidenten Gerhard Schröder und seine Mannschaft bei ihrer Arbeit unterstützten. Viele fähige Menschen mit entsprechenden politischen Vorlieben oder Neigungen blickten in dieser Zeit auf Niedersachsen und dessen Landeshauptstadt Hannover, wo das Neue nun gewagt werden sollte.

Einer davon war Frank-Walter Steinmeier. Der erinnerte sich hinsichtlich des Jahres 1990 ebenfalls an ein Gefühl des Neuanfangs. Nicht nur im Allgemeinen, vor allem die rot-grüne Aufbruchssituation in Niedersachsen hätte auf ihn verlockend gewirkt. Speziell die Mitwirkung dort hätte es ihm angetan.

Allerdings gab es da ein grundsätzliches und vielleicht ideologisches Hindernis. Wie die Zeitschrift *Stern* für einen Artikel zur Kanzelkandidatur Steinmeiers im Jahr 2009 recherchierte, hatte der als junger Student unter anderem Politikseminare bei einem Mann namens Ernst-Ulrich Huster besucht.[26] Dieser Herr Huster sollte sich später einen Namen als führender Armutsforscher und scharfer Kritiker der Hartz-Reformen machen. Während des Studiums habe sich Steinmeier mit Huster angefreundet, und beide verband ein Credo, das hinter all ihren Gesprächen beziehungsweise Diskussionen stand: Man rede zwar über Politik, man mache jedoch keine. Man empfand und sah sich als Wissenschaftler, die Welt, in der man sich aufhielt und in der man auch wirken wollte, war die Welt der Universität.

Was dann jedoch genau geschah, dazu gibt es unterschiedliche Darstellungen und auch Erinnerungen.

Die Lesart in den Erinnerungen des Frank-Walter Steinmeier ist durchaus kurz und prägnant: Das Potenzial, das die Situation in Hannover barg, hätte ihn gereizt und auch herausgefordert. Da hätten Menschen etwas gewollt, und das hätte auch er gewollt. In der Folge sei es zu einer ersten Begegnung mit Gerhard Schröder gekommen, und dann sei quasi auch schon alles klar gewesen.

In der Darstellung des Biografen Torben Lütjen allerdings liest sich all das etwas anders.[27] Dort heißt es, Steinmeier hätte seinerzeit noch gar keine rechte Idee gehabt, was er mit seinem Leben anfangen solle. Es habe lediglich die grobe Vorstellung gegeben, die Richtung gehe eher in die öffentliche Verwaltung denn in die Wirtschaft. Dann allerdings habe er einen Anruf bekommen. Die Anruferin sei Brigitte Zypries gewesen. Jene Frau also, die er von der Universität kannte, mit der er für die Zeitschrift *Demokratie und Recht* gearbeitet hatte und mit der ihn eine enge Freundschaft verband. Brigitte Zypries hätte zu jener Zeit bereits in der Staatskanzlei in Hannover gearbeitet, und sie habe Steinmeier nun von dem rot-grünen Projekt unter Gerhard Schröder erzählt, von der Aufbruchsstimmung geschwärmt und ihm daher ebenfalls zu einer Bewerbung dort geraten. Mit der Folge, dass das bislang eher beschauliche Leben des Frank-Walter Steinmeier nun plötzlich rasant an Fahrt aufgenommen hätte.

Das ist sicher eine schöne Geschichte, die auch von andauernder Freundschaft und damit nicht zuletzt von freundschaftlichen Tipps handelt. Nur hat diese Geschichte den Haken, dass es auch andere Quellen gibt. Die besagen beispielsweise, Brigitte Zypries sei 1988 zur wissenschaftlichen Mitarbeiterin am Bundesverfassungsgericht in Karlsruhe berufen worden. Erst im Jahr 1991 – und damit ein Jahr nach der Landtagswahl – wäre sie als Referatsleiterin für Verfassungsrecht in die niedersächsische Staatskanzlei gewechselt, wo sie dann viele Jahre blieb und im Jahr 1997 zur Abteilungsleiterin befördert wurde. Der SPD sei Zypries ebenfalls erst im Jahr 1991 beigetreten.

Aber es gibt in diesem Zusammenhang noch andere gute Geschichten – wie so oft, wenn es um Wendepunkte im Leben eines Menschen geht, vor allem eines prominenten Menschen. Eine dieser Geschichten aber wird immer wieder erzählt, sie ist auch Teil der Recherche des *Stern* zu dem bereits angesprochenen Artikel aus dem Jahr 2009.

Die Geschichte handelt davon, Steinmeier sei auf den Gedanken gekommen, er wolle im Grenzbereich zwischen Politik und Juristerei arbeiten. Das wiederum habe zu einer Bewerbung bei der Staatskanzlei in Niedersachsen geführt – es sei um eine Stelle als Medienreferent gegangen. Diese Bewerbung habe dann zu einer Einladung beziehungsweise einem Vorstellungsgespräch geführt.

Geführt wurde dieses Gespräch mit Reinhard Scheibe, damals Staatssekretär und damit Chef der niedersächsischen Staatskanzlei. Steinmeier erinnert sich in diesem Zusammenhang daran, es sei auch zu einer Begegnung mit Gerhard Schröder gekommen, der über Steinmeier gesagt habe, »der passt zu uns«.

Doch auch zu dieser Zusammenfassung gibt es noch eine etwas längere Version. Die besagt, Staatsekretär Scheibe habe nach dem Ende des Vorstellungsgesprächs gesagt, man wolle nun doch einmal nachschauen, ob Gerhard Schröder da sei. Schröders Zimmer habe direkt neben dem Scheibes gelegen, und tatsächlich sei der frischgebackene Ministerpräsident in dem Zimmer auch angetroffen worden. Man habe Hallo gesagt, sich freundlich unterhalten. Das alles habe kaum zehn Minuten gedauert, und am Ende dieser zehn Minuten habe Schröder tatsächlich die Worte »der passt zu uns« gesagt – damit sei die Sache dann im Grunde »gegessen« gewesen.

Im Jahr 1991 stand dann der Umzug in eine in mehrfacher Hinsicht neue Welt an. Steinmeier verließ den Hochschulbetrieb in Gießen und zog um nach Hannover. Er tat das allerdings nicht allein, sondern gemeinsam mit seiner Lebensgefährtin Elke Büdenbender, mit der er nun bereits seit 1988 zusammen war. Büdenbender ging ebenfalls nach Hannover, weil sie dort ihr Rechtsreferendariat beginnen wollte, Steinmeier trat seine neue Stelle als Referent für Medienrecht und Medienpolitik an.

Zunächst stand er in dieser Position zwar nicht auf verlorenem Posten, aber alles andere als im Mittelpunkt. Wie es heißt, wurde ihm zunächst ein kleines Arbeitszimmer zugewiesen, das sich nur über eine Hintertreppe erreichen ließ. Doch dabei sollte es nicht lange bleiben, denn Schröder merkte schnell, was er an dem neuen Mitarbeiter hatte. Er wusste es übereinstimmenden Berichten zufolge schon während des ersten Aufeinandertreffens nach dem Vorstellungsgespräch. Schröder soll später mehrfach gesagt haben, Steinmeier sei ihm schon durch ein Auftreten aufgefallen, das sich von dem anderer Bewerber deutlich unterschieden habe. Er sei zum Beispiel nicht in einer nahezu gebückten Haltung vor den Ministerpräsidenten getreten, sondern aufrecht. Auch die anderen hätte niemand zu dieser gebückten Haltung gezwungen, sie hätten sie jedoch trotzdem eingenommen. Daraufhin habe man sich kurz beschnuppert, und Schröder habe dem Staatsekretär gesagt, er solle diesen Mann einstellen, weil er einen ordentlichen Eindruck mache.

Damit beginnt ein Weg, den die beiden Männer in den nun folgenden Jahren größtenteils gemeinsam gehen werden und auf dem sie Spuren hinterlassen, die Deutschland geprägt haben. Es wird eine Geschichte werden, die von zwei Männern erzählt, die große Erfolge feiern, die Niederlagen überwinden und die sich ebenso stark unterscheiden, wie sie sich auf der anderen Seite doch auch ähnlich sind.

Diese Ähnlichkeit wird nicht zuletzt durch beider Wurzeln geprägt. So wurde Schröder in Mossenberg-Wöhren geboren, einem Dorf mit heute knapp 300 Einwohnern, das zu den 19 Ortschaften der Stadt Blomberg zählt. Jenem Blomberg, in dem Frank-Walter Steinmeier auf das Gymnasium ging und das nur rund zehn Kilometer von dessen Heimatdorf Brakelsiek entfernt liegt. Beide wuchsen also im gleichen Landstrich auf, dachten beim Begriff Heimat als an die gleichen Landschaften. Das sagt zum einen zwar nichts über die Persönlichkeiten aus, ein solch ähnlicher Hintergrund bildet aber immer auch eine Verbindung zwischen Menschen. Und dann gab es da noch eine Verbindung: Frank-Walter Steinmeier wuchs zwar nicht in solch bitterer Armut auf, wie es bei Gerhard Schröder der Fall war, doch auch er stammt aus einer Arbeiterfamilie und unterscheidet sich damit von den Personen im politischen Betrieb, die auf Generationen von Bildungsbürgern und Studierten in ihren Stammbäumen verweisen können. Auf der anderen Seite jedoch standen die großen Unterschiede, die beide Männer ausmachten. Steinmeier kann sicher als ein Mensch eingestuft werden, der Situationen erst einmal vergleichsweise emotionslos analysiert, bevor er handelt. Schröder dagegen hat nicht von ungefähr ein Image von Ungeduld, war immer ein Mann, der einfach wollte, dass Dinge erledigt werden – und zwar möglichst schnell und effektiv. Ein Mensch, der anderen ein »mach mal« zurief und dann wirklich erwartete, dass etwas getan, etwas gemacht wurde.

Der Mensch, der nun in Hannover zu einem wurde, der machte und tat, war Frank-Walter Steinmeier. Zu den ersten Aufgaben des neuen Medienbeauftragten habe die Aufgabe gehört, einen neuen Staatsvertrag mit dem Norddeutschen Rundfunk aus-zuhandeln.[28] Das sei keine einfache Aufgabe gewesen, da sich die Staatskanzlei in Niedersachsen mit den anderen norddeut-schen Bundesländern habe abstimmen müssen, von denen gerade Mecklenburg-Vorpommern zeitweise entschlossen gewesen sei, den gemeinsamen Vertrag nicht zu unterzeichnen.

Bald schon hatte Steinmeier sich einen Ruf erarbeitet, der weit über den eines bloßen Medienreferenten hinausging. Zwar blieb er in dieser Position bis 1993, doch der Aufstieg ließ nicht lange auf sich warten. 1994 wurde er zum Büroleiter des Ministerprä-sidenten, kaum zwei Jahre später dann 1996 zum Staatssekretär und Chef der Staatskanzlei – er war nun in der Position des Man-nes, bei dem er sich zu Beginn der Neunzigerjahre vorgestellt hatte, als er sich um einen Job bewarb.

Als Meisterstück des Frank-Walter Steinmeier in der Hannove-raner Zeit gilt die Arbeit für die Umsetzung des als Emssperrwerk bekannt gewordenen Großbauwerks. Dieses Sperrwerk wurde of-fiziell hauptsächlich mit dem Zweck des Küsten- beziehungswei-se Sturmflutschutzes errichtet. Dahinter allerdings verbirgt sich noch eine andere Wahrheit: An dem Fluss Ems nämlich liegt die Meyer Werft, die sich auf den Bau von Kreuzfahrtschiffen spezialisiert hat. Um damit aber auf dem Weltmarkt Erfolg zu haben, wollte man wahrhaft große Schiffe bauen, für die allerdings der Tiefgang der Ems nicht mehr ausreichte. Abhilfe sollte besagtes Sperrwerk schaffen, das eben nicht nur Hochwasser fernhalten, sondern auch das Wasser des Flusses aufstauen konnte.

Steinmeier sei es gewesen, der es schaffte, dieses gigantische Projekt in nur 18 Monaten von der ersten bloßen Idee bis hin zum ersten Rammschlag voranzutreiben, wie die Tageszeitung *Die Welt* schrieb.[29]

Das Ergrauen
der grauen Effizienz

Zu jener Zeit hatte sich Frank-Walter Steinmeier bereits jenen Ruf erarbeitet, der ihn bis heute begleitet: Man nannte ihn die graue Effizienz. Dieses Wortspiel bezog sich einerseits auf seinen überaus effizienten Arbeitsstil, andererseits auf die für ihn inzwischen so typisch gewordenen grauen Haare. Gerade hinter diesen Haaren jedoch verbirgt sich abermals eine Geschichte, über die in der Öffentlichkeit kaum etwas bekannt ist. Was man weiß, ist sicher der Umstand, dass der designierte Bundespräsident nicht die besten Augen hat und daher eine Brille mit recht starken Gläsern trägt. Weitgehend unbekannt ist jedoch geblieben, dass Steinmeier vor inzwischen fast 40 Jahren die Erblindung drohte.

Was genau damals der Fall war, das erläutert heute die Wissenschaftliche Vereinigung für Augenoptik und Optometrie WVAO, die mit dem Fall Steinmeier auch für Organspenden wirbt. Was die WVAO zu diesem Thema schreibt, liest sich so: »Auch dem SPD-Fraktionsvorsitzenden Frank-Walter Steinmeier wurde bereits 1980 die Augenhornhaut eines Toten implantiert. Ärzte hatten damals bei dem angehenden Juristen kurz vor dem Examen ein Geschwür auf der Hornhaut des linken Auges festgestellt, eine Erblindung drohte. Durch die Transplantation wurde dies verhindert.«[30]

Damals war Steinmeier gerade 24 Jahre alt, und die Operation rettete letztlich sein Augenlicht, da es damals hieß, auch das andere Auge könne betroffen sein. Wie man heute weiß, gelang die damals noch sehr riskante und aufwändige Operation. Was auch dazu führte, dass Steinmeier bis heute immer einen Organspenderausweis bei sich trägt – und damit nicht zuletzt eine Grundhaltung beweist, die später noch einmal entscheidend für das Leben seiner Gefährtin Elke Büdenbender werden sollte.

Dass die Augenoperation erfolgreich und komplikationslos verlief, bedeutet jedoch nicht, die Thematik wäre an Frank-Walter Steinmeier spurlos vorübergegangen. Vielmehr begannen die Haare des Studenten nach den bangen Tagen und Wochen zusehends zu ergrauen. Waren es zuvor bestenfalls einige graue Strähne, wich das Blond bald der grauen Unfarbe.[31] Zum Zeitpunkt seines Schaffens in der niedersächsischen Staatskanzlei war Steinmeier zwar erst Mitte bis Ende 30, auf dem Kopf trug er jedoch schon jene Haare, die zu einem Markenzeichen werden sollten.

Die Frau an seiner Seite – und ein Mann

Die Zeit in Hannover wird für Steinmeier rückblickend wohl immer eine besondere bleiben – aus unterschiedlichen Gründen. So hatte es ihm bald schon die Stadt an sich angetan. Noch viele Jahre später sollte er in seinem 2009 veröffentlichten Buch *Mein Deutschland – Wofür ich stehe* schwärmen, Hannover sei in Bezug auf die Lebensqualität vermutlich die am meisten unterschätzte Großstadt in Deutschland.[32] Wer jene Worte als eine Liebeserklärung lese, so Steinmeier weiter, der liege mit dieser Einschätzung nicht falsch. Doch möglicherweise ist diese Liebeserklärung gar nicht an die Stadt allein gerichtet, sondern an all das, was Steinmeier mit ihr und der Zeit verbindet, die er in der niedersächsischen Landeshauptstadt verbracht hat. Und von diesen Verbindungen gibt es so einige – auf der privaten wie auf der beruflichen Ebene.

Denn wenn Steinmeier von Hannover spricht beziehungsweise schreibt, dann geht es dabei auch um einen nur vordergründig nebensächlichen Satz. Dieser Satz lautet »wir siedelten nach Hannover um«. Denn wie schon in einem vorherigen Kapitel erwähnt, ging Frank-Walter Steinmeier nicht alleine aus Gießen nach Niedersachsen, er tat es vielmehr gemeinsam mit seiner Lebensgefährtin Elke Büdenbender. Aus dieser Lebensgefährtin wurde im Jahr 1995 dann eine Ehefrau, als beide rund sieben Jahre nach ihrem Kennenlernen heirateten. Doch diese Hochzeit ist noch nicht alles, was Steinmeier wohl immer an Hannover erinnern wird. Denn im Frühjahr 1996 bekam das Ehepaar eine Tochter – das erste und bislang einzige Kind der beiden. In den Medien wurde inzwischen schon mehrfach der Name dieser inzwischen 21-jährigen Tochter verbreitet. Steinmeier und Elke Büdenbender selbst jedoch haben den Vornamen ihres Kindes nie offensiv in die Öffentlichkeit transportiert, daher soll der Name der jungen Frau an dieser Stelle zum Schutz ihrer Privatsphäre ebenfalls ungenannt bleiben.

Was allerdings durchaus erwähnenswert ist, ist der Weg, den Elke Büdenbender während der gemeinsamen Jahre ging. Ihr Jurastudium hatte sie noch vor dem Umzug nach Hannover beenden können, trat in Niedersachsens Landeshauptstadt nun das bereits erwähnte Referendariat an. Doch während der spätere Außenminister Steinmeier sich noch mit der Landespolitik in der norddeutschen Provinz auseinanderzusetzen hatte, zog es seine spätere Frau hinaus in die Welt. Wie er in seinem 2009 erschienenen Buch ebenfalls schreibt, bewarb die sich für den praktischen Teil ihrer Ausbildung an der deutschen Botschaft im amerikanischen Washington – und wurde angenommen. Bald schon wurde so aus der späteren Richterin Elke Büdenbender eine Expertin für die amerikanische Innenpolitik.

Nicht nur das, sie schwärmte zudem schon früh von einer Person, die zu einer der wichtigsten amerikanischen Persönlichkeiten des neuen Jahrtausends werden sollte. Dieser Aufenthalt seiner Frau in den USA führte für den jungen Herrn Steinmeier vorübergehend dazu, dass er eine Fernbeziehung zu führen hatte, in der gemeinsame Zeit wegen der Zeitverschiebung vor allem in Form nächtlicher Telefonate bestand. Während dieser Telefonate habe ihm seine Frau dann immer wieder von einer Person berichtet, die damals sie selbst ebenso wie das politische Establishment Washingtons überaus beeindruckte. Die Person sei ebenso ideenreich wie selbstbewusst und mutig, erteile dem Senat Lektionen in puncto sozialer Gerechtigkeit und habe Wegweisendes zur Reform des Gesundheitswesens vorgetragen. Ihr Name war Hillary Clinton, die später als amerikanische Außenministerin eine Amtskollegin des deutschen Außenministers Steinmeier werden sollte.

Ging es um beeindruckende und außergewöhnliche Persönlichkeiten, dann war es zu jener Zeit aber im Grunde gar nicht einmal notwendig, den Blick von Hannover abzuwenden.

Denn mit seinem neuen Dienstherrn hatte Frank-Walter Steinmeier eine außergewöhnliche und charismatische Persönlichkeit in nächster Nähe. Und Gerhard Schröder hatte in gewisser Weise eine Narren an seinem in den frühen Neunzigerjahren noch neuen Mitarbeiter gefressen, ermöglichte diesem bald einen rasanten Aufstieg, bot ihm so außerdem einen Platz in seinem direkten Umfeld. Steinmeier beschreibt den Menschen Schröder in seinem Buch ausführlich, bietet jedoch außerdem heute noch auf seiner Internetpräsenz eine ebenso knappe wie offene Einschätzung des Menschen Schröder sowie der Zusammenarbeit beider Männer: »Schröder konnte barsch und ungeduldig sein. Er wollte Fortschritte sehen – und er wollte sie schnell sehen. Ich persönlich spürte jedoch immer Rückendeckung. Unsere Unterschiedlichkeit trug wahrscheinlich dazu bei, dass wir gemeinsam stark waren«, schreibt er dort.[33] In seinem Buch wiederum liest sich die Beschreibung der Anfänge in Hannover dann so: Steinmeier habe im Frühsommer 1991 seine Dachkammer mit Schreibtisch in der hannoverschen Staatskanzlei bezogen, sie sei im Winter kalt, im Sommer sehr heiß gewesen. Auf seinem Tisch sei alles gelandet, das durch die Ritzen von Zuständigkeiten und Verantwortlichkeiten fiel. Der ›junge Mann‹ könne sich daran versuchen – das wäre seinerzeit die Haltung gewesen. »Ich war darüber nicht böse, denn ich hatte binnen Wochen Berührung zu allem, was aktuell und schwierig war – und eben deshalb rasch Kontakt zu den entscheidenden Leuten im Haus.«[34] Und was Steinmeier in Kürze über Schröder gesagt hat, das führt er in seinem Buch noch einmal deutlich ausführlicher aus und zeichnet damit ein Bild durchaus unterschiedlicher Facetten des späteren Kanzlers Schröder und der Zusammenarbeit mit ihm: Schröder habe grenzenlos ungeduldig sein können. ER sei auch barsch gewesen, wenn Fortschritte nicht erkennbar waren. Manche Mitarbeiter hätten das ertragen müssen. Er selber jedoch habe diese Erfahrung nie gemacht. An keinem einzigen Tag in den fünfzehn Jahren habe er mit der Befürchtung arbeiten müssen, am Ende keine Rückendeckung für das eigene Tun oder für ausverhandelte Lösungen zu bekommen. Wer den politischen Alltag kenne, so Steinmeier, der wisse auch, wie selten, aber gleichzeitig wichtig Rückendeckung für die Belastbarkeit, aber auch für die Glaubwürdigkeit politischer Absprachen sei. »Wir wussten, wie unterschiedlich wir sind, und respektierten das. Vielleicht trug die Unterschiedlichkeit ja dazu bei, dass wir gemeinsam stark waren.«[35] Und bald schon sollte sich diese gemeinsame Stärke dann in Ergebnissen zeigen, mit denen man die Öffentlichkeit von den Erfolgen der immer noch neuen Landesregierung überzeugen konnte. Mal ge-

lang es, eine Teststrecke des Autobauers Mercedes im Lande an-
zusiedeln, die zuvor in Baden-Württemberg verhindert worden
war, mal wurden Hindernisse bei der Anlandung norwegischer
Erdgasleitungen aus dem Weg geräumt. Das alles beschreibt
Steinmeier in seinem Buch ausführlich, fasst es aber auch auf
seiner Internetpräsenz in knappen und klare Worten zusammen:
»Rot-Grün in Niedersachsen war nach Hessen der zweite rot-grüne Regierungs-Versuch. Diesmal gelang es. Wir hatten eine spann-
nende Zeit, in der nach 14 Jahren konservativer Landespolitik
der Wind des Neuen heftig wehte. Und wir hatten uns große Ziele
gesetzt: Moderne Wirtschaft, gerechte Gesellschaft, ökologische
Wende, kulturelle Öffnung.«[36]

All das führte zu einer weiter wachsenden Nähe zwischen
Steinmeier und Schröder. Sodass Steinmeier in seinem Buch im
Jahr 2009 zu dem Schluss kam, es gäbe außer dessen Ehefrau im
Grunde nur zwei Personen, die Schröder besser kennen würden
als er selbst. Diese beiden Personen waren Frauen, Doris Scheibe und Sigrid Krampitz. Scheibe war im Grunde verantwortlich,
wer zu Schröder Zugang bekam und wer nicht. Krampitz wiederum wurde 1994 Steinmeiers Nachfolgerin und Büroleiterin des
damaligen Ministerpräsidenten – sie blieb es, als dieser Bundeskanzler wurde, und leitete später noch das Büro des inzwischen
als Altkanzler titulierten Schröder.

Dass das direkte Umfeld Schröders und damit die persönlichen
Verbindungen in der Staatskanzlei und danach immer von einigen wenigen Namen geprägt waren, sollte auch zu der Vermutung
führen, Gerhard Schröder sei in gewisser Hinsicht immer von einer Art Kokon umgeben gewesen, der ihn nach außen abschirm-
te – und Steinmeier galt immer als ein wesentlicher Bestandteil
dieses Kokons. Der beschreibt genau das jedoch in seinem Buch

als einen großen Irrtum. »Ihn hinter einer undurchdringlichen Schutzhülle abschirmen zu wollen, das wäre völlig aussichtslos gewesen«, heißt es dort etwa.[37] Schröder sei immer ein ungeheuer neugieriger Mensch gewesen, der Wert auf den Austausch mit anderen legte. Er habe nie zur Einsamkeit oder Abgehobenheit geneigt, habe vielmehr Kontakt gefordert und gefördert.

Nun geht es in diesem Buch natürlich nicht vordergründig um Gerhard Schröder, sondern um Frank-Walter Steinmeier. Trotzdem darf der Einfluss des einen auf den anderen nicht unterschätzt werden und damit auch nicht die Persönlichkeit des jeweils anderen. Sicher hat daher Gerhard Schröder immer wieder etwas von seinem bald wohl engsten Mitarbeiter übernommen, der wiederum bekam in diesen und den folgenden Jahren eine gehörige Portion Schröder ab – was Außenstehende noch Jahre später und im Grunde sogar bis heute feststellen können.

Als Frank-Walter Steinmeier im Jahr 2009 selbst und letztlich erfolglos als Bundeskanzler kandidierte, musste er in diesem Zusammenhang natürlich immer wieder Reden halten. Reden, die in manchem Beobachter beziehungsweise Zuhörer durchaus Assoziationen hervorriefen.

Das gilt nicht zuletzt für die Autoren einer bereits angesprochen Reportage über den Kandidaten aus jener Zeit.[38] Dort heißt es sinngemäß, wer eine Rede Steinmeiers höre und dabei die Augen schließe, dem würde das Bild Schröders durch den Kopf spuken, und er könne sich dagegen gar nicht wehren. Grund dafür sei nicht allein die Stimme mit dem wegen der Herkunft lippischen Einschlag. Die Ähnlichkeit gehe vielmehr weit darüber hinaus, zeige sich in der Sprachmelodie oder der Wortwahl. Schröder sei im Grunde so etwas wie ein großer Schatten, aus dem Steinmeier selbst im Jahr 2009 noch nicht vollkommen heraustreten habe können. Was jedoch kein Wunder sei, da beide ja 15 Jahre in Symbiose gelebt hätten.

Dass diese Zeit tatsächlich so lang werden würde, das konnte natürlich in den Neunzigerjahren in Hannover noch niemand ahnen. Was man jedoch ahnte oder spürte, war der Umstand, dass das Korsett Niedersachsen beziehungsweise Landespolitik irgendwann zu eng werden würde. Und dieses Irgendwann war gar nicht mehr so fern.

Die Kanzler-WG

Das Kabinett des Landesfürsten verfolgte große Ziele, die über die Grenzen des Bundeslandes hinausgingen. Denn schließlich formulierte schon die niedersächsische Regierung einige ihrer Kernpunkte so, dass sie im Grunde gar nichts mehr mit dem Bundesland selbst zu tun hatten. Man wollte nicht weniger als eine moderne Wirtschaft, eine gerechte Gesellschaft, die ökologische Wende und eine kulturelle Öffnung.

Wieder einmal gibt es auch zu dieser Zeit und den damaligen Zusammenhängen eine äußerst kurze Zusammenfassung Steinmeiers, die einige der damals vermutlich wesentlichen Fakten auf den Punkt bringt: »Vieles von dem, was wir wollten, konnten wir auf Länderebene gar nicht umsetzen. Gerade in den Auseinandersetzungen um die geplante Wiederaufarbeitungsanlage und das Atommülllager in Gorleben erfuhren wir die bundesgesetzlichen Grenzen. Weisungen aus Bonn zeigten das auf provozierende Weise. Für den Atomausstieg brauchten wir die Mehrheit in ganz Deutschland.«[39]

Also wurde nun die nächste Stufe gezündet. Zur Bundestagswahl 1998 trat der niedersächsische Ministerpräsident Gerhard Schröder als Kanzlerkandidat an. In diesem Zusammenhang ist es ratsam, sich die politische Landschaft im Deutschland jener Jahre noch einmal ins Bewusstsein zu rufen. Zum Zeitpunkt der

Wahl kannten vor allem junge Menschen gar keinen anderen Kanzler mehr als Helmut Kohl. Der hatte 1982 den SPD-Kanzler Helmut Schmidt abgelöst und war seitdem ununterbrochen im Amt. Unter Kohl erlebte das Land die Wiedervereinigung, danach jedoch auch die in der Folge immer drängender werdenden Probleme. 16 Jahre hatte Kohl das Land regiert, und es schien fast unvorstellbar, dass sich daran bis zu seinem Tod noch einmal etwas ändern würde.

Doch genau das war der Fall, als nach der Wahl vom 27. September 1998 die Stimmen ausgezählt wurden. Mit der SPD erhielt zum ersten Mal überhaupt eine Partei mehr als 20 Millionen Stimmen. Und während eben diese SPD gegenüber der vorherigen Bundestagswahl um 4,5 auf 40,9 Prozent zulegte, verlor Kohls Union 6,3 Prozent, was im Ergebnis 35,1 Prozent bedeutete. Da die Grünen mit 6,7 Prozent ebenfalls sehr gut abschnitten, war der Weg frei für die erste rot-grüne Bundesregierung in Deutschland.

Doch so klar wie dieses Ergebnis war damals längst nicht alles – denn wirklich exakt besprochen hatte man nicht, was nach einem solchen Wahlsieg geschehen sollte. Steinmeier selbst erinnert sich an diese Phase so: »Da waren höchstens Sätze gefallen wie: ›Wenn es klappt, wärst du bereit, mit nach Berlin zu gehen?‹ Wir hatten genügend Selbstbewusstsein, um die Regierung zu übernehmen, aber wir zögerten, uns für diesen Fall ein festes Personaltableau zu überlegen.«[40]

Was zu einem weiteren Punkt führt, über den damals und auch später noch häufig diskutiert worden ist. Zum Zeitpunkt jener Wahl war Frank-Walter Steinmeier längst eine feste Größe in Gerhard Schröders Umfeld. Bereits 1993 hatte ihn Schröder mit der Leitung seines Büros beauftragt, seit 1994 war er sogar Leiter der Abteilung für Richtlinien der Politik, Ressortkoordinierung und -planung.

Als die SPD nun aber im Bund die Regierungsverantwortung übernahm und der erste Kanzler der Nach-Kohl-Ära Schröder hieß, wurde jedoch nicht Steinmeier Chef des Bundeskanzleramts, sondern Bodo Hombach. Dieser hatte während des Bundestagswahlkampfs die Rolle eines Wahlkampfmanagers eingenommen und galt als enger Berater Gerhard Schröders. Nun wurde er nicht nur Chef des Kanzleramts, Schröder berief ihm zudem als Bundesminister für besondere Aufgaben in sein Kabinett.

Steinmeier wiederum musste sich daraufhin die Frage gefallen lassen, ob er sich durch diese Vorgänge getäuscht fühle, ob nicht eigentlich er diese Rolle beziehungsweise Rollen hätte übernehmen sollen. Was wirklich in Frank-Walter Steinmeier vorging, das weiß am Ende nur er selbst. In seinem Buch aus dem Jahr 2009 schreibt er jedoch, er habe sich nicht getäuscht gefühlt. Er hätte sich gar nicht getäuscht fühlen können, da es ja vor der Wahl gar keine entsprechenden Verabredungen gegeben habe. Als dann die Entscheidung gefallen sei, er solle mit Hombach als Staatssekretär im Kanzleramt arbeiten, habe er sich mit dem vermeintlichen Rivalen in dessen Privathaus getroffen, man habe sich dabei sehr professionell auf eine Arbeitsteilung verständigt. Dennoch habe er den Anteil des alltäglichen Konfliktmanagements in den ersten Jahren der rot-grünen Regierung unterschätzt. »Es war eher Dschungelkampf als ein Parademarsch.«[41]

Zu all dem gibt es aber wieder eine etwas andere Sichtweise, die unter anderem Torben Lütjen in seiner Steinmeier-Biografie von 2009 festgehalten hat. Demnach hätten viele Insider damals vermutet, Hombachs Einsetzung diene vor allem dazu, den Einfluss Oskar Lafontaines auf die Regierungsarbeit einzugrenzen. Lafontaine war von 1995 bis 1999 SPD-Vorsitzender und im Kabinett Schröder nach der gewonnenen Wahl zudem Finanzminister – bevor er 1999 alle politischen Ämter niederlegte und fortan vor allem als Schröder-Kritiker auftrat.

Hinzu kam, dass Schröder und Hombach in gewissem Maße eine Männerfreundschaft verband, die in dieser Form zwischen Schröder und Steinmeier nicht existierte und angesichts der Persönlichkeiten beider wohl auch nie hätte zustande kommen können. Schon im Frühjahr 1998 hätten die drei Männer zusammengesessen, und Schröder habe grob gesagt erklärt, er und Hombach würden die Sache in Berlin und Bonn machen, während Steinmeier im Grunde die Arbeit erledigen würde.

Auch an anderer Stelle zeigte sich laut Torben Lütjen die engere Verbindung zwischen Schröder und Hombach. Etwa wenn der Kanzler während einer Reise gegenüber Journalisten den Ideenreichtum Hombachs hervorhob. Bevor er dann in Richtung Steinmeier erklärt habe, der sei dafür zuständig, von 40 guten Ideen Hombachs am Ende fünf auch wirklich umzusetzen.[42]

Alles in allem lässt sich sicher sagen, dass diese Phase seiner Laufbahn nicht unbedingt die angenehmsten Erinnerungen bei Steinmeier hinterlassen hat. Zwar hatte es nach allem, was bekannt ist, damals wirklich keine Absprachen über künftige Positionen und Posten der Zusammenarbeit und damit eben keinen Wortbruch gegeben, es ist aber sehr wahrscheinlich, dass Frank-Walter Steinmeier etwas spürte, das dem Gefühl der Enttäuschung schon recht nahe kam.

Doch Bodo Hombach sollte nicht lange in der Position bleiben, die er nach der Wahl einnahm. Er war innerhalb der Regierung umstritten und wechselte 1999 auf Regierungswunsch nach Brüssel, wo er die Rolle eines EU-Sonderkoordinators einnahm. Sein Nachfolger sollte Frank-Walter Steinmeier werden.

Der hatte aber vorher schon kaum an Nähe zu Gerhard Schröder verloren. Damals lag der Regierungssitz vorerst noch wie all die Jahrzehnte zuvor in Bonn, der baldige Umzug nach Berlin allerdings war längst beschlossene Sache. Was umgekehrt bedeutete: Niemand verschwendete nach dem Wahlsieg noch große Gedanken daran, sich in Bonn wirklich häuslich einzurichten. Auch die neue Regierung und deren Umfeld nicht. Was daraus entstand, sollte bald als die Kanzler-WG zu einiger Bekanntheit gelangen.

Zu diesem Thema erschien am 1. Oktober 1998 und damit wenige Tage nach der Wahl ein ausführlicher Artikel in der Wochenzeitung *Die Zeit* unter der Überschrift »Kanzlers Wohngemeinschaft«.[43]

Darin hieß es, die Neuen, die nach der Wahl in die »Bundesstadt« kämen, planten bereits den Umzug nach Berlin und wollten nicht in Bonn sesshaft werden. Das gelte auch für Kanzler Schröder und »seine engsten Gefährten«, also auch für Frank-Walter Steinmeier als Chef der Staatskanzlei in Hannover ebenso wie für den Sprecher der niedersächsischen Landesregierung Uwe-Karsten Heye. Diese beiden Männer würden mit Schröder eine Wohngemeinschaft gründen im Kanzlerbungalow. Die vierte Person in dem »Hannoveraner Kleeblatt« sei Sigrid Krampitz, Schröders Büroleiterin. Die allerdings würde zwar im Kanzleramt dabei sein, nicht aber in besagtem Bungalow, da sie nicht zusätzlich noch häusliche Verantwortung für die Männer übernehmen wolle. Auch Schröders Ehefrau Doris Schröder-Köpf zog nicht in der Wohngemeinschaft ein, wartete mit ihrer Tochter lieber den Termin des endgültigen Umzugs nach Berlin ab.

Frank-Walter Steinmeier erinnert sich an diese Zeit und auch an die Zusammensetzung der Wohngemeinschaft in Details anders. In seinen niedergeschrieben Erinnerung teilte sich Schröder mit dem Kulturstaatsminister Michael Naumann eine Etage, zwei weitere Politiker hätten im hinteren Teil des Gebäudes residiert, er selbst sei mit Sigrid Krampitz im Dachgeschoss untergebracht gewesen.

Er sei dort in einem Jugendzimmer mit einer seiner Beschreibung nach bemerkenswerten Einrichtung untergekommen. Sobald er den Kopf vom Kissen anhob, sei er Gefahr gelaufen, an ein hellblaues Waschbecken zu stoßen. Außerdem sei der Raum dunkel gewesen, und ganz oben auf dem Boden habe eine Marderfamilie intensiv ihr Familienleben ausgelebt. Auch die Ernährung in diesen Tagen folgte nicht irgendwelchen Ratgebern für wirklich gesundes Essen. Wenn er von einem langen Arbeitstag heimkehrte, habe er nur selten auf mehr als eine Tüte Chips oder ein paar Dosen Bier zurückgreifen können, die er an einer nahen Tankstelle besorgt hatte. Dann, so schreibt Steinmeier, habe man um Mitternacht auf dem Bonner Venusberg in Willy Brandts ehemaliger blauer Polstergarnitur gesessen und fassungslos versucht, die Ereignisse des Tages nachzuvollziehen. Es sei eine verrückte und atemlose Zeit gewesen, die erst mit dem Umzug nach Berlin im August ein Ende fand. Eine Zeit, in die nicht zuletzt auch der Rücktritt Oskar Lafontaines gefallen sei.«[44]

Ein unerwarteter Rücktritt

Dieser schon zuvor kurz angerissene Rücktritt des Ministers sollte in jenem Jahr das Land aufhorchen lassen, und er stellte etwas dar, das Medien wie die Tageszeitung *Die Welt* als eine erste Zäsur der immer noch jungen rot-grünen Regierungskoalition bezeichneten. Besagte Zeitung fasste die Ereignisse jenes Tages in einem zehn Jahre später erschienenen Artikel unter der Überschrift »Der Tag, an dem Lafontaine die Politik aufmischte« dann noch einmal minutiös zusammen.[45]

Demnach war es bereits später Nachmittag, als Lafontaine »die Bombe platzen« ließ und von all seinen Ämtern zurücktrat. Der damalige Außenminister Joschka Fischer sei zu diesem Zeitpunkt mit seinen Sicherheitsbeamten joggend am Rhein unterwegs gewesen und habe nun einen unerwarteten Anruf erhalten. Schröder habe ihn mit den Worten »nicht duschen, gleich kommen« umgehend ins Kanzleramt bestellt, ohne Fischer jedoch zu erklären, worum es eigentlich ging. Der leistete dem Befehl Folge und erschien bald darauf in kurzer Hose und mit Baseballkappe auf dem Kopf in der Zentrale der Macht, wo ihm Schröder dann von Lafontaines Ankündigung berichtete.

Zu diesem Zeitpunkt war die Erinnerung daran noch sehr frisch, wie erst Monate zuvor Schröder und Lafontaine gemeinsam unter dem Motto »Innovation und Gerechtigkeit« die SPD und die Grünen an die Regierungsmacht gebracht hatten. Doch diese nach außen hin gezeigte Einigkeit und Männerfreundschaft der beiden Alphatiere war im Grunde nie eine gewesen. Vielmehr hätten sich Schröder und Lafontaine laut der *Welt* immer in gewisser Weise misstraut.

Vor diesem Hintergrund sei dann auch die Aufteilung der Ämter in der neuen Regierung zu bewerten gewesen. Lafontaine habe die Kanzlerschaft dem Spitzenkandidaten Schröder überlassen müssen. Er selbst habe dann aber den Fraktionsvorsitz ausgeschlagen und sei Finanzminister geworden – in der Hoffnung, als »mächtiger Schatzkanzler« die Macht des eigentlichen Bundeskanzlers ein- oder begrenzen zu können. Eine Rechnung, die jedoch nicht wirklich aufging. Vielmehr wuchs die Skepsis zwischen Schröder und Lafontaine weiter, auch Schröders Kanzleramtschef Bodo Hombach ließ Lafontaine seine Abneigung spüren.

Am 10. März 1999 – und damit einen Tag vor dem Rücktritt – sei es dann zu einem deutlichen Warnschuss Schröders in Richtung seines Kontrahenten gekommen. Inzwischen hatte Lafontaine den Kanzler mit seiner deutlich geäußerten Ablehnung von dessen wirtschaftsfreundlicher Politik weiter verärgert. In einer Kabinettssitzung an jenem Tag wies Schröder auf die schlechte Wirtschaftslage und die hohe Arbeitslosigkeit hin und drohte seinen Ministern, dass es einen Punkt geben werde, an dem er die Verantwortung für eine bestimmte Politik nicht mehr übernehmen könne und wolle.

Am Abend des Tages kursierte dann in den Medien eine Meldung, Schröder habe sogar mit Rücktritt gedroht. Lafontaine nun wies seinen Pressesprecher an, Kontakt zu Schröder aufzunehmen und diesen aufzufordern, die Meldung zu dementieren. Am folgenden Tag erschienen die Zeitungen mit der Schlagzeile »Schröder droht mit Rücktritt!«, was natürlich von der Pressestelle des Kanzlers dementiert wurde. In den Stunden danach folgten hinter den Kulissen noch zahlreiche Gespräche, die am Ende dazu führten, dass in den Redaktionen der Medien gegen 17 Uhr 30 Uhr ein Fax einlief. Es habe sich um ein Blatt ohne Briefkopf gehandelt, auf dem der Regierungssprecher laut der *Welt* in vier Zeilen mitteilte: »Der Bundesminister der Finanzen, Oskar Lafontaine, ist heute von seinem Amt zurückgetreten. Der Bundeskanzler hat den ihn überraschenden Rücktritt bedauert und Oskar Lafontaine für seine Arbeit gedankt.«

Zu Oskar Lafontaine gibt es bis heute extrem unterschiedliche Meinungen. Was die Vertreter der Wirtschaft zu jener Zeit von dem deutsche Finanzminister hielten, das zeigte sich direkt nach dessen Abschied mehr als deutlich: Der Deutsche Aktienindex Dax schnellte um sechs Prozentpunkte nach oben.

Doch all das geschah außerhalb der Mauern des Kanzleramts, drinnen herrschte jedoch ebenfalls reger Betrieb. Wie die *Welt* berichtete, rief Kanzler Schröder umgehend seine Vertrauten zusammen. Also erschien alsbald nicht nur der verschwitzte Jogger Joschka Fischer, sondern auch Bodo Hombach und Staatsekretär Frank-Walter Steinmeier, der sich Jahre später in seinem Buch ebenfalls noch detailliert an diesen Tag erinnern sollte.

Bemerkenswert an den niedergeschriebenen Erinnerungen Steinmeiers an diesen 11. März 1999 ist neben anderen Fakten vor allem das Fehlen eines Namens: Denn während etwa der Artikel in der *Welt* Bodo Hombach ausdrücklich erwähnt, spielt der bei Steinmeier keine Rolle – über die Hintergründe dafür kann natürlich ausgiebig spekuliert werden, die Wahrheit aber kann nur Frank-Walter Steinmeier sagen.

An was der sich erinnert, ist zunächst einmal die Person Joschka Fischers, der im Laufdress und mit Baseballkappe auf dem Kopf »im Sessel vor Schröders Schreibtisch hing«.[46]

Er erinnert sich natürlich auch an Schröder selbst, der an jenem Tag nicht nur den Parteivorsitz übernehmen musste, sondern auch zu entscheiden hatte, wer denn nun das Amt des Finanzministers ausfüllen sollte. Gerade in diesem Punkt wurde nun ein Fakt zu einem Vorteil, der gerade erst für eine deutliche Niederlage der SPD gestanden hatte. Die konnte nämlich die Landtagswahlen in Hessen nicht für sich entscheiden, was bedeutete, dass Hans Eichel dort nicht länger Ministerpräsident sein würde. Der wiederum aber kam als einer der sehr wenigen infrage, die in der Lage sein würden, das Finanzministerium zu leiten.

Doch noch ein Satz in Steinmeiers Erinnerungen ist in diesem Zusammenhang bemerkenswert. Liest man jene von besagtem Nachmittag, dann kommen darin im Grunde nur die Personen Schröder, Fischer und Steinmeier vor. Die Erinnerungen münden dann wiederum in dem Satz: »Wir haben sämtliche Personalentscheidungen noch am selben Nachmittag gefällt.«[47] Was sich wiederum liest, als wäre das alles eine Sache zwischen besagten drei Personen gewesen und als wäre Steinmeier inzwischen wirklich zu der Macht im Hintergrund aufgestiegen, als die er in der Welt der Medien und damit der Öffentlichkeit bald gelten sollte.

Woran sich Steinmeier ebenfalls erinnert, ist der Umstand, dass Lafontaines Rücktritt gar nicht so überraschend kam, wie es nach außen hin wirkte. Beide – Schröder wie Lafontaine – wären im Grunde unzufrieden gewesen mit der Rolle, die Lafontaine einzunehmen hatte. Oskar Lafontaine hätte damit gehadert, dass Schröder ihn quasi ins Kabinett gezwungen hatte.

Dort nämlich sei er quasi zu einer Loyalität gezwungen gewesen, die er alleinig als Partei- und Fraktionsvorsitzender nicht hätte aufbringen müssen. Schröder wiederum wusste von dem Risiko, das ein Parteivorsitzender für die Regierung darstellte, der gleichzeitig die Fraktion führte. Schon früh hatten Insider prognostiziert, diese Situation würde im Lauf der Legislaturperiode eskalieren können – nur hätte eben niemand damit gerechnet, es würde nur wenige Monate dauern, bis dieser Punkt erreicht war.

Die Distanz zwischen Schröder und Lafontaine sei sehr schnell gewachsen. Nur sei ein Fakt dafür nicht verantwortlich gewesen, den Lafontaine selbst auch später immer wieder in die Öffentlichkeit getragen habe. Der habe nämlich stets behauptet, ein wesentlicher Faktor sei der damalige Kosovo-Einsatz der Bundeswehr gewesen, dem Lafontaine sich entgegengestellt und den er abgelehnt habe. Er habe dem entsprechenden Beschluss sogar mehrfach offen widersprochen. Steinmeier jedoch erinnert sich anders: Weder er noch andere hätte einen derartigen Eindruck gewonnen. Vielmehr habe es Lafontaine durchaus spürbar berührt, wie er auf seinem eigenen Feld der Finanzpolitik in die Kritik geriet.

Insgesamt habe Lafontaine Schwierigkeiten gehabt, eine langfristige Politik zu entwerfen und mit Geduld sowie Zielstrebigkeit dann die Allianzen zu bilden, die für eine Durchsetzung dieser Politik notwendig gewesen wären. Seine tatsächliche Politik hätte vielmehr immer wieder zu unnötigen Konflikten mit anderen Ressorts geführt, die letztlich durch Kanzler Schröder wieder aufgelöst werden mussten.

Wie auch immer: Obwohl noch eine ganze Reihe an Seitenhieben folgen sollte, war Oskar Lafontaine nach dem 11. März

1999 politisch für eine Weile erst einmal eine Person der Vergangenheit. Die politische Gegenwart sah so aus, dass der niedersächsische Ministerpräsident den Kanzler Gerhard Schröder als SPD-Chef vorschlug und schnell auch Hans Eichel als Finanzminister gehandelt wurde. Fast genau einen Monat nach Lafontaines Rücktritt trat Eichel das Amt am 12. April 1999 an, Schröder wurde zum SPD-Vorsitzenden gewählt und blieb in dieser Position bis zum Jahr 2004. Lafontaine wiederum zeigte nach Steinmeiers Meinung durch das Hinwerfen nicht nur des Ministerpostens, sondern auch des Parteivorsitzes, dass er kein richtiger Kämpfer gewesen ist. Er sei vielmehr ein *political animal* – einer, der zwar mit politischen Stimmungen spielen könne, dessen Sache aber der harte Regierungsalltag eben nicht sei. Was er damit nicht sagte, aber womöglich ebenfalls ausdrücken wollte: Dass im politischen Alltagsgeschäft manchmal Rückschläge einzustecken sind und man es auch einmal überstehen muss, wenn einem quasi ein Bodo Hombach vor die Nase gesetzt wird. Denn wird so ein Rückschlag überstanden, dann kann man womöglich erleben, wie ein Bodo Hombach 1999 nach Brüssel wechselt und ein Frank-Walter Steinmeier ihn dann doch beerbt.

Aus Höhenflug wird Krise

Die Zeiten im Jahr eins der ersten rot-grünen Bundesregierung blieben nach Lafontaines Abgang bewegt bis stürmisch. Verantwortlich dafür war neben der reinen Politik das weiter bestehende örtliche Provisorium, für das die sogenannte Kanzler-WG in Bonn stellvertretend stand. Frank-Walter Steinmeier pendelte zu jener Zeit nach seinen eigenen Erinnerungen im Grunde ständig zwischen Berlin, Bonn und Hannover. Seine Frau und die im Jahr 1999 gerade dreijährige Tochter sah er in jener Zeit kaum. Selbst die Wochenenden waren nicht von Entspannung oder einfach kurzen Arbeitspausen geprägt, vielmehr verlangte die Koalition immer wieder Aufmerksamkeit oder gar ein Eingreifen. Außerdem musste man sich nicht nur um die Innenpolitik kümmern, vielmehr hatte Deutschland simultan die EU-Präsidentschaft und die G8-Präsidentschaft inne, während zusätzlich die Krise auf dem Balkan immer wieder ein Handeln erforderte. Das alles habe auf der anderen Seite aber dazu geführt, dass die Regierung sich immer besser einspielte und professionalisierte. So jedenfalls Steinmeiers Erinnerung.

Diese Erinnerung stimmt jedoch nur stellenweise mit der öffentlichen Wahrnehmung der Regierung im Jahr 1999 überein.

Diese fasst unter anderen ein Artikel in der *Welt* zusammen, der am 27. September 1999 und damit exakt ein Jahre nach der Bundestagswahl erschien, die Schröders Regierung an die Macht gebracht hatte. Nun gilt die *Welt* traditionell als ein der Union nahestehendes Blatt, doch lassen diverse Passagen des Artikels gar keinen Interpretationsspielraum zu, da sie nicht auf Meinungen, sondern Fakten beruhten. Zu diesen Fakten in dem Artikel unter der Überschrift »Das verflixte erste Jahr« zählte der Umstand, dass die SPD und die Grünen inzwischen gleich bei mehreren Landtagswahlen dramatisch an Zustimmung verloren hatten.[48]

Auch das von Politikern stets aufmerksam verfolgte ZDF-Politbarometer sprach eine deutliche Sprache. Schröders SPD war dort längst nicht mehr auf der Gewinnerstraße unterwegs. Vielmehr fand die SPD und damit die Regierung unter Schröder nur mehr 24 Prozent Zustimmung, während es aufseiten der Union seinerzeit bereits wieder 47 Prozent waren. Hintergrund dafür waren nicht zuletzt zahlreiche handwerkliche Fehler der neuen Bundesregierung, die laut der *Welt* bei so manchem Wähler das Gefühl hinterlassen hätten, diese Regierung könne es einfach nicht.

Unterstützt wurde dieser Eindruck von Umwälzungen beziehungsweise Umstellungen innerhalb der Regierung. Schließlich hatte Schröder schon im ersten Jahr seiner Amtszeit sowohl den Verkehrsminister als auch seinen Kanzleramtschef austauschen müssen, und dann war da natürlich der Abgang Lafontaines, der überaus hohe Wellen geschlagen hatte. Von Schröder, so der Artikel, sei inzwischen zu hören, ohne Oskar Lafontaine hätten vermutlich einige Fehler vermieden werden können, die man der Regierung anlastete. Diese Fehler aber hatte es nun gegeben, und zwar bei den verschiedensten Gesetzesvorhaben, wie der Artikel in der *Welt* zusammenfasste: Die verschiedensten Gesetzesvorhaben wie das 630-Mark-Gesetz oder das Gesetz über Scheinselbstständigkeit, auch das Thema Rente und die Diskussionen über einen Atomausstieg seien nicht Schröders eigenes Machwerk gewesen. Es waren nicht die Versprechen, mit denen er seine Wähler gewonnen hatte. Stattdessen stand er in seinem ersten Wahljahr im Zwiespalt – zwischen der Erfüllung seiner Wahlversprechen und seinem Modernisierungsvorhaben für die SPD und die Reformpolitik. »Im Frühjahr brach es dann aus Schröder heraus. Er schimpfte auf die Sozialpolitiker der SPD: ›Die glauben, sie hätten die Wahl gewonnen. Ich habe die Wahl gewonnen!‹«[49]

Es sei zwar zweifelsfrei richtig, dass die SPD ohne Gerhard Schröder an der Spitze die Wahl im Jahr 1998 nie gewonnen hätte. Nur sei dieser Schröder eben kein wirklicher Parteimann und auch niemand, der sich im Mikrokosmos eines Parlaments zurechtfinde. Das, so die Zeitung weiter, könne auch der Grund sein, warum es in Schröders Kabinett immerhin fünf Minister ohne Bundestagsmandat gebe. Was wiederum zur Folge habe, dass bei tatsächlichen handwerklichen Fehlern die Abgeordneten von Regierung und Opposition in trauter Eintracht spotten würden.

Nun hat all das auf den ersten Blick herzlich wenig mit der Person des Frank-Walter Steinmeier zu tun. Auf den zweiten Blick dagegen umso mehr. Denn der war seit dem 7. Juli 1999 nun wirklich Chef des Bundeskanzleramts und damit offiziell in der Zentrale der Macht angelangt. Daher lohnt ein Blick auf das, was Steinmeier rückblickend über die erste rot-grüne Regierungskoalition sagt: Als 1998 Rot-Grün auf Bundesebene regieren konnte, sei man euphorisch gewesen – euphorisch und herausgefordert. Man habe Rot-Grün möglich machen wollen, das war laut Steinmeier »unser Projekt«. Es sei eben nicht mehr einfach darum gegangen zu verwalten. Es handelte sich vielmehr um etwas ganz Neues, von dem Steinmeier »mit ganzer Kraft« hoffte und wollte, dass es gelingen sollte: Rot-Grün habe für eine bis dahin von Schwarz-Gelb ausgegrenzte Bundesrepublik gestanden. Eine Bundesrepublik der Friedensbewegung, der Umweltgruppen und auch der gesellschaftspolitisch Engagierten, die für eine faire Einwanderungspolitik stritten oder sich für die Gleichstellung von Frauen einsetzten. Die neue Regierung habe ein modernes, wirtschaftlich starkes Deutschland gewollt, das Innovation und Gerechtigkeit zusammenbringt. Ein Land, das niemanden zurück lassen würde, der es aus eigener Kraft nicht schaffte. Das war und sei immer noch seine Handschrift: Nämlich der Kampf um Modernisierung und eine Gerechtigkeit im Rahmen einer langfristig angelegten Politik.

Dafür allerdings benötigt es nach Steinmeiers Worten Beharrlichkeit, Geduld, gelegentlich auch einmal Härte. Jede Zeit erfordere ihre eigenen Antworten, habe Willy Brandt schon vor vielen Jahren gesagt. Politik könne nur gelingen, wenn die Politiker immer wieder neu den Mut fänden, richtige Entscheidungen auch durchsetzen. »Wir sind nie am Ende und müssen immer auf der Höhe der Zeit sein: mittendrin. Wir haben dabei aber das Ziel nie aus den Augen verloren: eine gerechte Gesellschaft, die für die Herausforderungen der Zukunft gerüstet ist.«, so Steinmeier.[50]

In dieser Zusammenfassung finden sich einige Stichworte, die es wert sind, sie genauer zu betrachten: Beharrlichkeit, Geduld, Härte und eben Langfristigkeit. Man ging also vermutlich im Grunde davon aus, mit dem Gewinn der Wahl im Jahr 1998 den Grundstein für eine Ära wie die des Helmut Kohl zu legen, der insgesamt 16 Jahre an der Macht blieb. Woraus jedoch nichts wurde, wie man heute weiß.

Doch während die rot-grüne Regierung längst Vergangenheit ist, hat Frank-Walter Steinmeier die Jahre seitdem in wechselnden Positionen, vor allem in Berlin, überstanden. Und zwar mit seiner Familie, die er im Stress der Regierungsübernahme ja eine Weile kaum zu Gesicht bekommen hatte. Im Frühjahr 2000 siedelte dann seine Ehefrau Elke mit der Tochter nach Berlin über. Dass man schon damals an eine längere Verweildauer in der neuen Hauptstadt dachte, dafür steht der Umstand, dass sich Steinmeier nun endgültig von jener Wohnform verabschiedete, der er fast zwei Jahrzehnte den Vorzug gegeben hatte. In Berlin zog die Familie nicht in eine weitere Wohngemeinschaft ein, sondern in ein Einfamilienhaus im wohlhabenden Stadtteil Zehlendorf.

Der Chef hinter dem Boss

Mit dem Umzug nach Berlin war Frank-Walter Steinmeier gleich in mehrfacher Hinsicht angekommen. Er hatte sich mit seiner Familie niedergelassen und hatte beruflich beziehungsweise politisch jene Position erreicht, für die er letztlich wie geschaffen war. Und bald bemerkten auch Außenstehende, zu was dieser Mann fähig war, welche Veränderungen nicht zuletzt mit seiner Hilfe gelangen. Diese Veränderungen spiegelten sich nicht zuletzt im öffentlichen Bild der Regierungskoalition und Steinmeiers Partei, der SPD.

Anders als andere politische Macher war Steinmeier allerdings nie ein Mensch, den es in die Öffentlichkeit zog, die Unsichtbarkeit im Hintergrund sagte ihm stets mehr zu. Dieser Wunsch wurde auch in dem Moment deutlich, in dem Steinmeier zum Chef des Kanzleramts aufstieg. So habe Kanzler Schröder ihm angeboten, seine Position des Chefs des Bundeskanzleramts mit einem Ministerrang zu kombinieren, so, wie es bei seinem Vorgänger Bodo Hombach der Fall war. Dem Biografen Torben Lütjen zufolge hat Frank-Walter Steinmeier genau das jedoch abgelehnt.[51] Er sei lieber Staatssekretär geblieben und habe dies damit begründet, ein Ministeramt ziehe zu viel Aufmerksamkeit auf sich, außerdem sei es immer auch mit der Notwendigkeit öffentlicher Auftritte verbunden.

Damit habe er sich an seinem Vorbild Manfred Schüler orientiert. Manfred Schüler war ein anerkannter Verwaltungsexperte, der von dem damals neuen Bundeskanzler Helmut Schmidt im Jahr 1974 zum Leiter des Bundeskanzleramts berufen wurde. Während dieser Phase war Schüler maßgeblich an der Umsetzung der Politik der Regierung Schmidt beteiligt und erwarb sich über Parteigrenzen hinweg hohe Anerkennung. Wie es heißt, hatte Frank-Walter Steinmeier schon vor dem Regierungswechsel mit dem damals bereits fast Siebzigjährigen ein langes Gespräch geführt. Ein Rat, den er dabei von seinem Vorbild mit auf den Weg bekam, sei der gewesen, jegliche Hervorhebung seiner eigenen Person in der Funktion als Leiter des Bundeskanzleramts tunlichst zu vermeiden. Daran hielt sich Steinmeier, was laut Torben Lütjen jedoch auch dazu führte, dass selbst den gewöhnlich recht wortgewandten Hauptstadtjournalisten am Tag seiner Amtsübernahme wenig bis gar nichts für ihre obligatorischen Kurzporträts einfiel. Selbst die immer für eine ungewöhnliche Schlagzeile bekannte *Bild*-Zeitung füllte ihre Schlagzeile mit denkbar wenig reißerischen Worten: »Frank-Walter Steinmeier gibt keine Interviews und arbeitet 16 Stunden am Tag.«

Als es dann darum ging, die neue Position auch im Alltag auszufüllen, stand Steinmeier vor einer schwierigen Aufgabe. Denn wie schon beschrieben, hatte es die mit großen Plänen angetretene Regierung geschafft, ihren Ruf binnen denkbar kurzer Zeit nicht nur zu beschädigen, sondern ihn grandios zu ruinieren. Vor allem, weil ihr vorzeigbare Ergebnisse fehlten. Wie Torben Lütjen es in seiner Biografie zusammenfasste: »Die aber braucht die Regierung dringend, die in der Presse mittlerweile als ein Kabinett infantiler Hedonisten gilt, geführt von einem Spaß-Kanzler an der Spitze, der vor lauter Modenschauen und ›Wetten, dass ...?‹-Auftritten nur noch sporadisch zum Regieren kommt.«[52] Genau gegen dieses desaströse Image richtete sich nun unter anderem Steinmeiers Arbeit. Wobei wichtige Schritte in diese Richtung schon vorher gegangen wurden. Denn bereits zu Zeiten des Kanzleramtschefs Bodo Hombach habe Steinmeier gemeinsam mit diesem ein Papier verfasst, in dem es darum ging, die Aktivitäten der Ministerien stärker mit dem Kanzleramt zu koppeln. Unter anderem hätten die Kabinettsmitglieder ihre Vorhaben vor der öffentlichen Bekanntgabe dem Kanzleramt mitzuteilen, wer sich nicht daran halte, müsse sein Verhalten vor dem gesamten Kabinett begründen. Zu Zeiten Hombachs waren solche Verhaltensregeln laut Torben Lütjen jedoch recht wirkungslos geblieben, da dieser sich selbst nicht an die von anderen geforderte Disziplin hielt. Nun aber war Hombach weg, seinen Platz nahm ein Mann ein, zu dessen unzweifelhaften Tugenden an vorderster Stelle auch besagte Disziplin zählt. Und der machte sich nun an die Arbeit, das stete Durcheinander zu beseitigen und das Kanzleramt tatsächlich zu einem Anlaufpunkt zu machen, an dem die Aktivitäten der Ministerien und der Fraktion zusammenliefen.

Doch Steinmeier tat noch mehr. Denn wenn es um das Regieren geht, dann reden in Deutschland eben nicht nur die Parteien und ihre Abgeordneten ein Wörtchen mit, es gibt noch andere Faktoren beziehungsweise Institutionen, die sich gerne einmischen und deren Wort beziehungsweise Meinung eine gewisse Bedeutung sowie letztlich Macht hat. Was darunter zu verstehen ist, hat Biograf Torben Lütjen so zusammengefasst: »... die Gewerkschaften und Arbeitgeberverbände, das Bundesverfassungsgericht, eine unüberschaubare Zahl an Interessengruppen und

Lobbyverbänden – ganz zu schweigen von den zahlreichen Politikfeldern, auf denen von Brüssel aus auch die Europäische Union mitzureden hat.«[53] All diesen zahlreichen Feldern und damit Personen widmete sich Steinmeier und versuchte, das Zusammenspiel dieser Faktoren derart zu verbessern, dass es die Arbeit der Regierung positiv unterstützte beziehungsweise das Unwissen über manche Zusammenhänge nicht weiter zu Störungen oder Irritationen führen konnte.

Am Ende sorgte dieser Umbau auch für eine Wende im Hinblick auf die Beliebtheitswerte der Regierungskoalition. Allerdings ist es zu weit gegriffen, diese Wende allein der Arbeit Frank-Walter Steinmeiers zuzuschreiben, vielmehr erlebte die Union selbst eine wahre Katastrophe, als die Tage der Regierung Schröder im Grunde schon gezählt schienen. Wie es zu jener Zeit im politischen Deutschland wirklich aussah, das veranschaulicht sehr deutlich ein Rückblick auf die Geschehnisse, der von der Bundeszentrale für politische Bildung in Zusammenhang mit der im Jahr 2002 folgenden Bundestagswahl veröffentlicht wurde: Demnach sie die erste Hälfte des Jahres 1999 ein wahres Fiasko für die SPD und die Grünen gewesen, von dem die Union schon im Juni profitieren konnte. Zum ersten Mal seit der Wiedervereinigung erreichte sie ein absolutes Hoch mit 56 Prozent der Stimmen, wohingegen die SPD in ein enormes Tief rutschte und zahlreiche Wähler verlor. Der absolute Gipfel und Wendepunkt war dann jedoch die Finanzaffäre der CDU. Als die vom ehrenhaften Altkanzler Helmut Kohl über Jahre aufgebauten und geheimen schwarzen Kassen zur Förderung von Parteifreunden ans Licht kamen fielen die Stimmen der CDU/CSU in einem Zeitraum von nur drei Monaten von 55 Prozent zurück auf weniger als 30 Prozent. Hinzu kam die Veruntreuung von 20 Millionen Mark, die der ehemalige Bundesminister Manfred Kanther und Schatzmeister Casimir Prinz zu Sayn-Wittgenstein auf schweizer Konten fließen lassen hatten. Die Union war also wahrhaftig auf die Probe gestellt, »in der Leistungsbeurteilung auf der +5/–5-Skala verlor sie 2,6 Skalenpunkte – Veränderungen in Umfragewerten, wie sie bis dato im Politbarometer noch nie gemessen worden waren.«[54]

Man kann sagen, Steinmeier habe in dieser Zeit viel getan, letztlich jedoch gelangte die SPD zurück auf die Gewinnerstraße, ohne dafür wirklich viel getan zu haben. Verantwortlich für den Wandel war vor allem die Union mit all dem, was auf ihrer Seite lange Jahre hinter den Kulissen ablief. Doch noch aus einem anderen Grund sollte jene Phase in der deutschen Politik für einen Wandel stehen, der noch lange nachhallen sollte: Denn der damalige CDU-Vorsitzende Wolfgang Schäuble musste ebenfalls wegen einer dubiosen Spende zurücktreten, seine Nachfolge übernahm eine damals noch vergleichsweise junge Frau aus dem Osten Deutschlands – ihr Name lautete Angela Merkel.

Für Frank-Walter Steinmeier in der Rolle als Chef des Kanzleramts lief derweil einerseits alles nach Plan. Auf der anderen Seite sorgte aber gerade seine ausgeprägte Abneigung gegen öffentliche Auftritte nun zunehmend für Interesse aufseiten der Journalisten. Man wollte mehr über den Mann wissen, der so auffällig unauffällig hinter den Kulissen agierte und dem man einen nicht zu unterschätzenden Anteil am politischen Comeback der SPD zuschrieb. Und fehlten den Journalisten bei Steinmeiers Amtsübernahme im Grund noch die Worte, fand man nun genügend Stoff auch für umfangreiche Artikel. Einer erschien am 31. August 2000 in der Wochenzeitung *Die Zeit* unter dem Titel »Dr. Makellos«.[55]

Er begann mit der Ansage, der umtriebige Herr Steinmeier mache nun doch auch einmal Urlaub. Gemeinsam mit Frau und

Tochter sei er nach Italien aufgebrochen, wolle nun zwei Wochen ausspannen – zuerst am Gardasee, danach solle es dann in die Berge gehen. Darauf folgte der Hinweise des Autors: »Wenn das mal gut geht.«

Denn inzwischen hatte sich Steinmeier bereits den Ruf erarbeitet, der Vater des aktuellen Hochs der Regierungskoalition zu sein. Hatte diese Koalition im vergangenen Jahr noch verzweifelt um Anerkennung oder Unterstützung ihrer Vorhaben gekämpft, sei es inzwischen eben die Union, die nun die »Sommertragödie« gebe, während der Kanzler auf seiner Sommerreise durch den Osten auf den sprichwörtlichen Wassern wandle.

Dass vieles von dem Wandel in den Köpfen der Menschen Steinmeier zu verdanken sei, halte der zwar für Quatsch – oder sage es zumindest. Missfallen tue ihm die gute Nachrede allerdings nicht. Ein Steinmeier akzeptiere durchaus Anerkennung für gute Leistung, doch ihm fehle die ausgeprägte Gefallsucht, die für andere Personen typisch sei, die immer wieder in die Öffentlichkeit der Blitzlichtgewitter drängten.

Als Steinmeier die Arbeit im Bundeskanzleramt übernahm, hätte es ihn angesichts des Erwartungsdrucks schon ein wenig geschaudert, vor allem weil von nun an jegliche Fehler an ihm hängen bleiben würden. Doch, so der Autor des Artikels Werner A. Perger, diese Fehler seien ausgeblieben. Stattdessen wurde dem schwächelnden Regierungsbündnis neues Leben eingehaucht. Die Sommerbilanz der Koalition, auf der Schröders gegenwärtiges Hoch zum Teil beruhe, sei nicht zuletzt auch Frank-Walter Steinmeiers Verdienst gewesen, behaupteten Helfer des Kanzlers. Das wiederum führte zu der Frage, was den denn so effizient mache, und die Antwort in dem Artikel lautete: »Von allen erhält der meist gut gelaunte Mann mit dem immer noch etwas jugendlich wallenden weißen Haupthaar Vorzugszeugnisse und Lobpreisungen. Doktor Makellos.«[56] Und diese Lobesworte kamen nicht nur aus den oppositionellen Reihen.

Sicher hatte Steinmeier in kurzer Zeit viel geschafft und damit für die Regierung auch viel erreicht. Die Frage jedoch ist am Ende die, wie groß sein eigener Anteil war und wie viel davon nicht zuletzt auf der Kombination der so unterschiedlichen Charaktere Gerhard Schröders und Frank-Walter Steinmeiers beruhte. Hätte Steinmeiers fast schon beispielhafte Geduld all das erreichen können, wäre sie nicht der Gegenpol zur sprichwörtlichen Ungeduld des Kanzlers gewesen?

Im Lauf der Zeit wurde Steinmeiers Selbstbild eines Mannes, der alles im Blick behalten will, auch zu einem Problem für ihn. Denn so detailversessen er selbst auch war, so wenig traf das auf Schröder zu, der die Arbeit und damit auch den Entscheidungsdruck an seinen engsten Mitarbeiter weitergab – für den es also immer mehr Arbeit gab, die von seinem Schreibtisch aus zu erledigen war.

Ein Tag, der die Welt verändern sollte

Wie schnell sich die Zeiten ändern können, das sollte Frank-Walter Steinmeier schon bald erleben. Ein Jahr nachdem *Die Zeit* über seine Urlaubsreise nach Italien berichtet hatte, befand sich Steinmeier mit seiner Familie wieder im Urlaub. Dieses Mal war es nach Frankreich gegangen. Doch wie jeder Urlaub war auch dieser eines Tages beendet, und die Familie machte sich auf die Rückreise – und zwar an einem schicksalsträchtigen Tag, nämlich dem 11. September 2001.

Zehn Jahre später wurde Steinmeier von der *Frankfurter Allgemeinen Zeitung* zu seinen Erinnerungen an jenen Tag befragt. Die Familie, so Steinmeier, sei gerade durch Stuttgart gefahren, als plötzlich das Telefon klingelte. Der Anruf kam von Steinmeiers Büroleiter, der seinem Chef nun irritiert berichtete, gerade sei ein Flugzeug in das World Trade Center in New York geflogen. Gemeinsam habe man daraufhin gerätselt, was dort wohl geschehen sei – und noch während des Gesprächs flog dann ein zweites Flugzeug in die Türme. Beiden sei daraufhin klar gewesen, es könne sich nicht um einen Unfall handeln. Er sei daraufhin nur noch ein paar Kilometer weitergefahren und habe schließlich einen Parkplatz gesucht, um dort in Ruhe telefonieren zu können. Wie sehr den Perfektionisten und Allesbedenker die Situation beschäftigt haben muss, zeigt eine kleine Episode, von der Steinmeier dann erzählte: Er habe eine Parkgarage angesteuert, bei der Einfahrt aber habe ihn ein schepperndes und knarzendes Geräusch daran erinnert, dass sich auf dem Dach des Wagens die Fahrräder der Insassen befanden. Diese Fahrräder hätten anschließend nicht mehr besonders gut ausgesehen, doch an jenem Tag gab es schließlich Wichtigeres zu bedenken.

Um Näheres zu den Vorfällen zu erfahren, hatte inzwischen Steinmeiers Mitarbeiter Kontakt zu Ernst Uhrlau aufgenommen, der seinerzeit im Kanzleramt für Geheimdienstfragen zuständig gewesen sei. Bald schon deutete vieles auf einen Terroranschlag hin, man habe jedoch an jenem Nachmittag noch keine belastbaren Hinweise gehabt, wer für das Attentat verantwortlich sein könne.

Hinzu sei gekommen, dass immer noch eine große Unsicherheit herrschte. Anfangs wusste man noch nicht, dass insgesamt vier Flugzeuge von Terroristen entführt worden waren, niemand konnte sagen, ob sich eventuell noch weitere Passagierflugzeuge in den Händen von Entführern befänden. Auch das ganze Ausmaß der sich anbahnenden Katastrophe im World Trade Center habe niemand kommen sehen. Erst als er wenig später bei Freunden die Fernsehbilder von Menschen sah, die sich aus den Gebäuden in den Tod stürzten, und dann schließlich die Türme in sich zusammenstürzten, sei ihm das Ausmaß der Katastrophe schließlich deutlicher geworden.

Um 15 Uhr 30 an diesem 11. September 2001 habe er dann erstmals mit Bundeskanzler Schröder telefoniert. Es folgten etliche weiter Gespräche mit seinem Stab und schließlich die Anweisung, das Lagezentrum auszubauen, es mit mehr Personal auszustatten. Dieses Lagezentrum war die Schaltstelle, die die deutsche Bundesregierung technisch mit dem Ausland verband. Da Amerika betroffen war und auch ansonsten Gesprächsbedarf mit ausländischen Partnern zu erwarten war, habe man eine erhöhte Einsatzbereitschaft herstellen müssen. Das habe auch für eher banale Dinge gegolten: So sei ein Hubschrauber zu organisieren gewesen, um möglichst schnellnach Berlin zu kommen. »Der wurde noch nachts auf die Reise geschickt, und ich war frühmorgens in Berlin für die erste Sicherheitslage«, erinnert sie Steinmeier.[57] Zur Sprache kam in dem Artikel der *FAZ* auch der Begriff der »uneingeschränkten Solidarität«, die Kanzler Schröder den Amerikanern zugesagt habe. Diese »uneingeschränkte Solidarität« sei kein fein ziselierter Vertragsbegriff gewesen, in dem alle Nebenbedingungen für Solidarität und Unterstützung formuliert wurden. Es habe in diesem Zusammenhang vielmehr nachträglich Deutungen gegeben, die jedoch mit der wahren Situation an jenem Septembertag wenig zu hätten. Damals habe vor allem Entsetzen über die Vorfälle geherrscht, es sei um Mitgefühl gegangen. Gleichzeitig aber habe man sich keine Illusionen gemacht: Es sei naheliegend gewesen, dass die USA nach einer solchen Tat reagieren würden – in welcher Form, war allerdings am 11. und auch 12. September noch vollkommen unklar.

An jenem 12. September dann habe Steinmeier sich wieder in Berlin befunden, und die Sicherheitskräfte hätten in der Zwischenzeit genügend Informationen zusammengetragen, die auf al-Qaida als wahrscheinlichen Hintergrund der Attentate deuteten. Bereits an diesem Tag stellte sich zudem heraus, einige der Attentäter hätten zweitweise in Hamburg gelebt. Dazu Steinmeier im Gespräch mit der *FAZ*: Es habe durchaus Irritationen ausgelöst, dass einige Täter vom Staatsgebiet eines engen Verbündeten aus gehandelt hatten. Man habe vor diesem Hintergrund natürlich auch Druck der Amerikaner gespürt. Stärker aber sei das Gespür für die eigene Verantwortung gewesen. Und am stärksten war der öffentliche Druck auf die amerikanischen Ermittlungsbehörden, schnell Ergebnisse vorzulegen. Deshalb hätten die Amerikaner auch Personal für die Ermittlungen in Deutschland angeboten. »Wahrscheinlich hätten sie sie am liebsten selbst übernommen. Wir haben das verstanden, aber natürlich darauf geachtet, dass die Sache den deutschen Sicherheitsbehörden nicht aus der Hand genommen wird. Das hat am Anfang erst mal gerumpelt, nach ein paar Tagen lief die Zusammenarbeit aber ordentlich.«[58]

Es habe damals anfangs also doch einen Augenblick gedauert, das Vertrauen der Amerikaner für die deutsche Ermittlungsarbeit zu gewinnen, Washington habe aber schließlich bemerkt, dass auf deutscher Seite intensiv und gründlich gearbeitet wurde, man auch Ergebnisse vorlegen konnte.

Ab dem 12. September leitete Steinmeier zudem eine tägliche sogenannte Sicherheitslage im Bundeskanzleramt. Man habe sich also über viele Wochen täglich zusammengesetzt und gemeinsam die aktuelle Lage analysiert. Dabei wurden zwischen Bundesnachrichtendienst, Bundeskriminalamt, Verfassungsschutz sowie den Ministerien für Justiz, Inneres, Äußeres und Verteidigung nicht nur aktuelle Tagesthemen ausgetauscht. »In diesen Runden ist auch eine Art gemeinsamer politischer Kultur geschaffen worden, mit der wir die Krise bewältigt haben«, so Steinmeier in der *FAZ.*[59]

Der Anschlag in den USA führte letztlich zu einer Veränderung der Welt, deren Folgen bis heute spürbar sind. Nicht zuletzt begann sich mit dem 11. September 2001 eine Angst in der Bevölkerung auszubreiten, die ebenfalls bis heute nachhallt. Denn bald schon kursierten Befürchtungen, es könnten überall auf der Welt weitere Anschläge geplant sein, und zwar mit bis dahin nicht für möglich gehaltenen Mitteln. Steinmeier erinnerte in dem Gespräch etwa daran, damals sei auch an Anschläge mit Milzbranderregern beziehungsweise Anthrax gedacht worden. Man habe daraufhin Laborkapazitäten umgehend ausbauen müssen, um den Verdacht entkräften zu können, Terroristen würden auch Deutschland mit derartigen Taten überziehen.

Zudem habe man sehr schnell systematisch analysieren müssen, welche Anschlagsziele in Deutschland infrage gekommen wären – und an welchen derartigen Orten eventuelle Sicherheitslücken bestanden. Bei diesen Orten sei es um Flughäfen, Bahnhöfe, Industrieanlagen und auch die Wasserversorgung gegangen.

In diesem gesamten Umfeld sei eine Vielzahl von Fragen zu klären gewesen. Da ging es darum, ob das Flughafenpersonal ausreichend geschult sei, auch Kleinflughäfen seien überprüft worden vor dem Hintergrund, ob kleine Flugzeuge für Attentate hätten verwendet werden können. Diskutiert sei auch die Frage worden, ob bewaffnete Sicherheitsbeamte an Bord von Passagierflugzeugen eingesetzt werden sollten – was aber wieder verworfen worden sei. Insgesamt sei es immer darum gegangen, die Erwartung der Menschen nicht zu enttäuschen, im Land sei die größtmögliche Sicherheit gewährleistet – ohne aber gleichzeitig den Rechtsstaat zu beschädigen.

Doch Deutschland war nicht nur innenpolitisch gefordert, auch auf die Außenpolitik nahmen die Folgen des 11. September 2001 Einfluss, wie sich Steinmeier in dem Gespräch mit der *FAZ* zehn Jahre später erinnerte. Man sei vom damaligen Außenminister Joschka Fischer bereits am 12. September darauf aufmerksam gemacht worden, die USA würden auf einer Sitzung des Nato-

Rats eine formelle Erklärung über die Solidarität des Bündnisses erwarten. Am Nachmittag des Tages habe das Kanzleramt dann die Frage erreicht, ob man die Ausrufung des Bündnisfalls mittragen würde. Das Auswärtige Amt sei dafür gewesen, Kanzler Schröder habe um eine Einschätzung des Justizministeriums gebeten. Ein Staatssekretär habe dann im Kanzleramt berichtet, der Bündnisfall könne angenommen werden, wenn es sich um einen Angriff von außen handele. »Das war die Position, mit der wir als Bundesregierung gearbeitet haben«, so Steinmeier.[60]

Er erinnerte auch daran, inzwischen fänden mit den vielen Jahren Abstand zu den damaligen Ereignissen Geschichtsdeutungen statt, von denen einige durchaus absurd wären. Da habe es die Vermutung gegeben, Deutschland hätte seinerzeit militärisch wieder auf der Weltbühne ankommen wollen – man habe sich daher den Amerikanern quasi aufgedrängt. Wer so etwas allerdings schreibe, sagte Steinmeier, der sei aus der Geschichte gefallen.

Zu Sprache kam auch die Frage, ob die Amerikaner damals eine Beteiligung Deutschlands in Afghanistan erwartet hätten. Steinmeier sagte dazu, er sei nicht sicher, ob das von Anfang an erwartet worden sei. Als jedoch die Planungen im Gange waren und der Umfang der Aktion sichtbar wurde, hätten die USA Beiträge der Verbündeten abgefragt. Damit hätte dann innerhalb der Koalition die Diskussion begonnen, ob Deutschland einen solchen Beitrag leisten solle. Was dann in dem Gespräch mit der *FAZ* schließlich zu der Frage führte, ob Deutschland es zur damaligen Zeit bei einer politischen Solidarität hätte belassen sollen. Steinmeier antwortete, man habe sehr lange eine Sonderrolle eingenommen und sei als geteiltes Land 40 Jahre lang nicht nach einem militärischen Engagement gefragt worden. Doch, so Steinmeier: Mit dem Jahr 1990 sei Deutschland erwachsen geworden. Sonderrechte und Rücksichtnahmen im Bündnis habe es nicht mehr gegeben. Doch Bündnissolidarität sei eben nur ein Gesichtspunkt gewesen. »Es ging auch um unsere Sicherheit, die der Menschen in Deutschland«, so Steinmeier Denn die Lager in Afghanistan, in denen immer wieder neue Terroristen zum Kampf gegen den Westen ausgebildet wurden, wären eben nicht nur eine amerikanische, englische oder kanadische Angelegenheit gewesen, sondern auch eine deutsche«[61]

Nun wird mancher Leser womöglich die Frage stellen, warum die Tage nach dem 11. September 2001 in diesem Buch einen derart breiten Raum einnehmen. Schließlich hießen die Hauptakteure zu jener Zeit auf deutscher Seite Gerhard Schröder und Joschka Fischer, nicht aber Frank-Walter Steinmeier. Doch es ist eben so, dass Steinmeier sehr wohl zum inneren Zirkel der Entscheider zählte, und vor allem sollten die Folgen jenes 11. September 2001 ihn noch über viele Jahre und Ämter verfolgen.

PRISM, Kurnaz & Co.

Eine der Folgen der damaligen Anschläge ist der Wunsch, Planungen ähnlicher Attentate etwa durch eine flächendeckende Überwachung und Abhörmaßnahmen frühzeitig vereiteln zu können. Dass gerade die USA nach dem Jahr 2001 vor allem im eigenen Land derartige Praktiken intensivierten, darüber ist inzwischen unzählige Male berichtet worden. Wie umfangreich derartige Maßnahmen aber in der Realität waren und sind, das wurde der Öffentlichkeit erst im Jahr 2013 bewusst. Damals spielte der sogenannte Whistleblower Snowden Medien geheime Informationen zu entsprechenden Programmen zu. Dabei ging es unter anderem um ein PRISM genanntes Programm, das die Überwachung digitaler Kommunikation erlaubte – innerhalb und außerhalb der USA. Dieses sollte bereits seit dem Jahr 2005 in Betrieb gewesen sein – und es warf natürlich auch die Frage auf, ob entsprechende Abhörmaßnahmen im amerikanischen Inland wie im Ausland eventuell nicht schon früher durchgeführt wurden. Was dann wieder zu Fragen an Frank-Walter Steinmeier führte. Schließlich leitete der sieben Jahre lang als Kanzleramtschef auch die Geheimdienste. Der verwahrte sich allerdings immer wieder deutlich dagegen, unter seiner Führung beziehungsweise Mitarbeit seien Grundrechte deutscher Bürger auf derartige Weise verletzt worden. So berichtete der Arbeitskreis Digitale

Gesellschaft der SPD Schleswig-Holstein im August 2013 unter der Überschrift »Steinmeier über Geheimdienst-Aktivitäten: ›2001 bebte die Welt‹« zum Thema.

Dort heißt es dann unter anderem: »Frank-Walter Steinmeier erklärt: ›Am 11. September 2001 bebte die Welt. Nach dem Terrorangriff auf Amerika war uns allen schlagartig klar, dass der internationale Terrorismus zu jeder Zeit und an jedem Ort zuschlagen kann. Es war damals die wichtigste Pflicht der Bundesregierung aus SPD und Grünen, einerseits die Sicherheit der Bürger in Deutschland zu gewährleisten und andererseits Freiheit und Bürgerrechte zu wahren. Dass dies gelungen ist, ist ein bleibender Verdienst der Regierung Schröder.‹«[62] Die rot-grüne Bundesregierung habe damals öffentlich angekündigt, die Zusammenarbeit der Geheimdienste zu intensivieren, dafür habe es eine breite Mehrheit im Bundestag gegeben. Selbstverständlich habe man dabei Recht und Gesetz eingehalten. Anders als die Bundesregierung suggeriere, seien damit allerdings keinesfalls der Überwachung deutscher Bürger Tür und Tor geöffnet worden.

Zu dem Thema gab Steinmeier auch der Bild-Zeitung ein Interview, dort wurde er im Juli 2013 mit Aussagen wiedergegeben, wie der: die fraglichen Programme, Prism und Tempora habe es damals noch gar nicht gegeben. Diese Programme basierten vielmehr auf einem technologischen Quantensprung, und sie verfolgten das Ziel einer Totalüberwachung des gesamten Internetverkehrs. Es sei selbstverständlich, dass alle Staaten um den Schutz ihrer Bürger besorgt sein müssten, was natürlich auch für die USA nach dem 11. September gelte. »Aber eine flächendeckende Abhörpraxis ist ein anderes Kaliber. Hier werden Freiheitsrechte offenbar vollständig ausgehebelt.«, so Steinmeier.[63]

Zu berücksichtigen ist in diesem Zusammenhang noch die politische Lage im Deutschland dieser Zeit: Die SPD hatte die Wahl im Jahr 2009 deutlich verloren. Fand sich ein Frank-Walter Steinmeier zuvor seit 2005 in der Rolle des deutschen Außenministers wieder, war er nun SPD-Fraktionsvorsitzender und damit in der Opposition. Die nächste Bundestagswahl allerdings stand kurz bevor, sollte im September 2013 stattfinden. Daher ist es naheliegend, dass Frank-Walter Steinmeier sich weniger mit eventuellen eigenen Versäumnissen beschäftigte, sondern den Ball der aktuellen Regierung zuspielte. Auf die Frage, ob Experten wie ihm nicht klar war, dass die USA Informationen in großem Stil abschöpften, antwortete er, es gehe hier um die Dimensionen. Das Absaugen und Speichern vollständiger Datenströme sprenge alle Grenzen. So etwas müsse gestoppt werden. Sechs Wochen nach Snowdens Enthüllungen habe Kanzlerin Merkel aber nicht einmal für Aufklärung gesorgt, was die Regierung auch gewusst habe. Der Innenminister sei in den USA gewesen, es habe Auftritte von Fachleuten beim Parlamentarischen Kontrollgremium und vor dem Innenausschuss gegeben, doch insgesamt sei man dadurch keinen Deut schlauer geworden. »Die Meldung, dass die Bundeswehr Prism nicht nur kannte, sondern selbst einsetzte, macht jetzt die Verwirrung komplett. Was weiß die Regierung? Läuft das Programm noch? Was tut Merkel, um deutsche Interessen zu wahren? Darauf müssen jetzt Antworten her«, forderte Steinmeier.[64]

Doch die Frage nach Abhörmaßnahmen von amerikanischer Seite war nicht die einzige, die Frank-Walter Steinmeier nach dem 11. September 2001 und dem darauffolgenden Irakkrieg noch lange begleiten sollte.

Damals ging es vor allem um die Haltung Deutschlands zu besagtem Irakkrieg. Und diese Haltung schien zunächst sehr eindeutig, bestand sie doch in der Aussage, es werde keine deutsche Beteiligung an einer solchen kriegerischen Auseinandersetzung geben. Doch diese Haltung, so wurde später vermutet, sei gar nicht so eindeutig gewesen, wie sie nach außen hin kommuniziert wurde.

Um es kurz zu machen: Ein BND-Untersuchungsausschuss hatte schließlich unter anderem die Frage zu klären, ob die Schröder-Regierung trotz ihre Ablehnung im Jahr 2003 den abgelehnten Krieg durch eine Kooperation des Bundesnachrichtendienstes BND mit amerikanischen Stellen unterstützte. Bis zum Jahr 2006 schien die Lage eindeutig: Deutschland hatte den Amerikanern Überflugrechte eingeräumt und auch Aufklärungsflugzeuge über dem Territorium der Türkei eingesetzt, das war es dann aber schon. Dann wurde jedoch bekannt, zwei BND-Agenten hätten sich in Bagdad aufgehalten, was zu der Frage führte, was genau diese kurz vor und während des Kriegs in der irakischen Hauptstadt getan hätten.

Bald war klar, die Agenten hatten nutzbare Informationen wie Daten und auch Fotos geliefert. Die Frage bestand nun darin, wie kriegswichtig diese Informationen wiederum waren. Im Jahr 2008 schließlich sagten hochrangige US-Militärs wie der General Tommy Franks, die Informationen seien von »erheblichem Gewicht« gewesen. Der *Spiegel* zitierte Franks damals mit den Worten: »Es wäre ein großer Fehler, den Wert der Informationen zu unterschätzen, die die Deutschen geliefert haben.«[65] Mehr noch: Die »Jungs« seien unbezahlbar gewesen. Auch deutsche Politiker mischten sich in die Diskussion ein, und sie wurden in dem erwähnten *Spiegel*-Artikel so zitiert: »›Schon die Beweisaufnahme hat gezeigt, dass Deutschland durchaus eine aktive Rolle im Irak-Krieg spielte‹, sagt FDP-Obmann Max Stadler. Der Grünen-Politiker Hans-Christian Ströbele nennt Frank-Walter Steinmeiers frühere Äußerungen, es habe sich um einen Einsatz mit humanitärem Hintergrund gehandelt, ›absoluten Unsinn‹.«[66]

Immer wieder wurde auch Steinmeier zu dem Thema beziehungsweise den Vorwürfen befragt, erschien im Dezember 2008 bereits zum fünften Mal vor dem Untersuchungsausschuss. Dabei reagierte er nun in unterschiedlicher Form. Zu besagtem Zeitpunkt war Steinmeier bereits als Kanzlerkandidat der SPD für die kommende Bundestagswahl im Jahr 2009 gesetzt und brachte nun seine Überzeugung zum Ausdruck, es fände im Grunde ein vorgezogener Wahlkampf statt, bei dem die Union ihn auf Anklagebank setze, um seine Glaubwürdigkeit zu beschädigen. Doch auch zu den eigentlichen Vorwürfen äußerte er sich: Die Informationen der BND-Agenten seien natürlich in das militärische Lagebild eingeflossen, etwas anders zu glauben sei schlicht naiv. »Wir haben nie geglaubt, dass der amerikanische Nachrichtendienst die Meldungen der beiden BND-Agenten in sein Poesiealbum kleben würde«, zitierte die *Frankfurter Allgemeine* Steinmeier.[67] Ob Deutschland sich nicht doch im Hintergrund an dem Krieg gegen den Irak beteiligt habe, wie der Ausschuss klären wolle, habe Steinmeier verneint Er frage sich vielmehr woher denn ›die tiefsitzende Verärgerung der Amerikaner gekommen‹ sei, ›eine Verärgerung, deren Nachwirkungen bis heute spürbar sind‹. Das Preisen der BND-Hilfe durch amerikanische Generäle sei ein ›vergiftetes Lob von ehemaligen Pentagon-Propagandisten‹. Damit habe man alte Rechnungen begleichen wollen. Steinmeier habe es so dargestellt, als solle die Rache der Bush-Krieger an Schröder nun ihn treffen -den baldigen Herausforderer der Bundeskanzlerin.«[68]

Aber damit war das Thema 11. September 2001 für Frank-Walter Steinmeier immer noch nicht erledigt. Denn verbunden ist mit dem Datum und dem neuen Bundespräsidenten noch ein weiterer Fall beziehungsweise ein weiterer Name. Dieser Name lautet Murat Kurnaz. Bei ihm handelt es sich um einen 1982 in Bremen geborenen und in Deutschland aufgewachsenen türkischen Staatsbürger. Kurnaz wurde von 2002 bis 2006 ohne Anklage in dem berüchtigten Gefangenenlager Guantanamo Bay auf Kuba festgehalten.

Kurnaz hatte im Herbst 2001 begonnen, sich intensiver mit dem Islam zu beschäftigen. Er ließ sich einen Bart wachsen, besuchte außerdem eine Moschee in Bremen und bekam dort Kontakt zu einer muslimischen Bewegung. Wenige Wochen nach den Anschlägen vom September 2001 reiste er nach Pakistan. Genauer gesagt, flog er am 3. Oktober 2001 von Frankfurt am Main in die pakistanische Hauptstadt Karatschi. Gemeinsam mit einem Freund wollte er sich dort der sunnitisch-orthodoxen Gruppe Tablighi Jamaat anschließen – jener Organisation, der er sich schon in der Moschee in Bremen angenähert hatte. Auch hatte er vor, an einer Pilgerreise der Gruppe teilzunehmen, gemeinsam mit einem Freund. Dieser Freund jedoch wurde schon am Flughafen Köln/Bonn festgenommen.

Kurnaz wiederum erreichte tatsächlich Pakistan, wo er allerdings im November von pakistanischen Sicherheitskräften festgenommen wurde. Wie es heißt, übergab man ihn anschließend gegen ein Kopfgeld an US-Streitkräfte in Afghanistan.

Daraufhin stufte man ihn von amerikanischer Seite als ungesetzlichen oder feindlichen Kämpfer ein, was im Januar 2002 zu seiner Verlegung aus einem afghanischen Häftlingslager nach Guantanamo auf Kuba führte. Zu diesem Zeitpunkt war gerade erst damit begonnen worden, diesen Marinestützpunkt in ein Gefangenenlager umzubauen. Murat Kurnaz gilt als einer der ersten

Gefangenen, die dort untergebracht wurden. Er sollte später von Folter sowohl in dem afghanischen Lager als auch in Guantanamo berichten – unter anderem in Form von Schlägen, Schlafentzug und dem berüchtigten Waterboarding. Entlassen wurde Kurnaz erst nach mehr als vier Jahren. Am 24. August 2006 kehrte er nach Deutschland zurück, wo er daraufhin immer wieder schwere Vorwürfe gegen Deutschland beziehungsweise die Bundesregierung äußerte. So sei er bereits 2001 vom Kommando Spezialkräfte der Bundeswehr misshandelt worden, vor allem aber hätte die Regierung eine frühere Freilassung bereits im Jahr 2002 unterbunden.

Das alles führte schließlich zu zwei Untersuchungsausschüssen des Bundestags. Der eine Ausschuss untersuchte die Vorwürfe der Misshandlungen durch Bundeswehrangehörige, der andere – der BND-Untersuchungsausschuss – prüfte unter anderem, ob Kurnaz tatsächlich bereits im Jahr 2002 hätte freikommen können.

Der Fall beschäftigte nicht zuletzt die Medien intensiv, unter anderem weil Kurnaz seine Erlebnisse und Vorwürfe in Buchform unter dem Titel Fünf Jahre meines Lebens. Ein Bericht aus Guantanamo im Rowohlt Verlag veröffentlichte.

Einer der vielen Berichte zu diesem Themenkomplex wurde am 23. Januar 2007 auf Deutschlandradio veröffentlicht. Angesprochen wurde darin deutlich die mögliche Rolle Frank-Walter Steinmeiers. So heißt es unter anderem: »In dem Fall des in Bremen geborenen Türken steht vor allem Bundesaußenminister Steinmeier in der Kritik. Ihm wird vorgeworfen, als damaliger Kanzleramtsminister das Angebot für eine Freilassung von Kurnaz abgelehnt zu haben. Steinmeier wies unterdessen Berichte über ein Angebot von US-Seite zurück. In Brüssel betonte der Minister: ›Ich kenne kein solches Angebot.‹ Die lange Leidensgeschichte von Kurnaz sei erschütternd und lasse ihn nicht kalt, sagte Steinmeier. Daraus könne aber nicht abgeleitet werden, dass die Bundesregierung für das Schicksal von Kurnaz verantwortlich gemacht werden könne. ›Das ist erstens falsch und schlicht auch infam.‹«[69]

Es sollte noch eine Weile dauern, bis der Fall Murat Kurnaz in den Untersuchungsausschüssen und vor den Gerichten abgeschlossen war. Im Jahr 2008 beendete der Verteidigungsausschuss seine Untersuchung zu den Vorwürfen der Misshandlungen Kurnaz' durch Bundeswehrangehörige. Ergebnis: Für die Vorwürfe gebe es keine Beweise, mangels Beweisen könnten die Vorwürfe aber auch nicht zurückgewiesen werden.

Deutlicher fiel der Abschlussbericht des BND-Untersuchungsausschusses vom Juni 2009 aus: Es habe im Fall Kurnaz kein Fehlverhalten deutscher Behörden vorgelegen. Im Juli 2009 allerdings entschied das Bundesverfassungsgericht, die Regierung habe in Hinblick auf den Untersuchungsausschuss in Form von begrenzter Akteneinsicht und Aussagegenehmigungen gegen das Grundgesetz verstoßen. Die wahren Hintergründe sind also frei übersetzt weiter im Ungefähren geblieben. Steinmeier war zwar von aller Schuld oder Mitschuld freigesprochen, mit Hinblick auf einen Verstoß gegen das Grundgesetz durch die Regierung aber wirkt dies selbst Jahre später noch wie ein Freispruch zweiter Klasse.

Murat Kurnaz selbst hat auch zehn Jahre nach seiner Freilassung aus Guantanamo nicht mit dieser Zeit abgeschlossen. Noch im August 2016 sagte er der Badischen Zeitung in Sachen Steinmeier. »Er hat mir viele Jahre meines Lebens gestohlen.«[70]

Steinmeier hat sich zuletzt persönlich nicht mehr zum Fall Kurnaz geäußert, daher kann wohl eine Aussage aus dem Jahr

2007 weiter als gültig dastehen. Damals sagte er dem *Spiegel*, er würde wieder so entscheiden, wie er es getan hat. Steinmeier begründete das damit, die deutschen Behörden hätten Kurnaz damals als Sicherheitsproblem eingestuft. »Man muss sich ja nur vorstellen, was geschehen würde, wenn es zu einem Anschlag gekommen wäre«, zitierte der *Spiegel* den damaligen Außenminister weiter, »und nachher stellte sich heraus: Wir hätten ihn verhindern können.«[71]

Die Sache
mit der Agenda

Nach der Wahl ist vor der Wahl, lautet ein immer wieder zitierter Satz. Er beinhaltet zunächst einmal wenig mehr als die Tatsache, dass eine gewonnene Wahl in einer Demokratie nicht auch dauerhaftes Regieren bedeutet, vielmehr müssen sich die Regierenden bekanntlich in regelmäßigen Zeitabständen erneut zur Wahl stellen. Für die rot-grüne Koalition, die 1998 einen recht überzeugenden Sieg errungen hatte, war diese Zeit vier Jahre später gekommen, als 2002 die nächste Bundestagswahl anstand. 1998 war das damals fast Undenkbare gelungen, den Dauerkanzler Helmut Kohl abwählen zu lassen, und er war vier Jahre später kaum mehr ein Thema. Die Frage lautete jedoch: Wenn nicht er, wer dann? Zwar war Angela Merkel damals bereits Parteichefin der CDU und meldete auch im Vorfeld ihren Anspruch auf die Kanzlerkandidatur an, konnte sich jedoch nicht durchsetzen, was aus heutiger Sicht kaum mehr vorstellbar erscheint.

Damals allerdings gab es noch eine recht große Zahl an Christdemokraten, die glaubten, Merkel hätte nicht das Zeug, sich gegen ein Alphatier wie Gerhard Schröder durchzusetzen. Zu ihren Gegnern zählten unter anderem der damalige Fraktionschef Friedrich Merz und der ehemalige Ministerpräsident Roland Koch. Das führte zu einigem Hin und Her und am Ende zu einem denkwürdigen Frühstück, bei dem Angela Merkel einer anderen Person die Kanzlerkandidatur antrug: Edmund Stoiber wurde als erster CSU-Politiker nach Franz Josef Strauß Kanzlerkandidat der Union. Was jedoch wohl nicht ganz ohne Kalkül geschah. Jahre später fasste *Der Tagesspiegel* die damalige Situation noch einmal zusammenfassen: Am Ende habe Merkel selbst Stoiber die Kandidatur angetragen, und zwar bei einem gemeinsamen Frühstück im Januar 2002 im Haus Stoibers in Wolfratshausen. Ähnlich wie einst Helmut Kohl im Jahr 1980 habe sich die CDU-Chefin so die spätere Kanzlerkandidatur gesichert. Denn nach Stoibers Niederlage sei die CSU im machtpolitischen Spiel innerhalb der Unionsparteien geschwächt gewesen, das habe außerdem auch für Merkels Gegner in der CDU gegolten. Friedrich Merz wurde nach der Wahl abgelöst, Merkel führte nun auch die Fraktion. Stoibers Niederlage bei der Wahl sei ihr Sieg gewesen.[72]

Womit der Ausgang der Bundestagswahl 2002 im Grunde schon beschrieben ist. Da es in diesem Buch aber vor allem um Frank-Walter Steinmeier sowie dessen Leben und Wirken geht, sollen gerade diese Wahl und deren Nachwirkungen doch noch etwas ausführlicher behandelt werden.

Schon vor der Wahl zeichnete sich damals ein äußerst enges Rennen zwischen Regierung und Opposition ab. Kanzler Schröder konnte zwar weiter von seinen »Nein!« zum Irakkrieg profitieren, letztlich allerdings die Stimmung vor allem durch sein beherztes Krisenmanagement während des Elbhochwassers 2002 noch einmal in seine Richtung wenden. Am Ende verlor die SPD zwar im Vergleich zu 1998 Stimmen, während die Union Zugewinne verzeichnen konnte, trotzdem reichten die Wählerstimmen für eine Fortsetzung der rot-grünen Koalition aus – wenn auch mit sehr knapper Mehrheit.

Die Folgen sind mehrfach beschrieben worden, Steinmeier-Biograf Torben Lütjen fasste sie in seinem Buch von 2009 etwa so zusammen: Ein eindeutiger politischer Auftrag habe sich aus dem neuen Mandat nicht ergeben, und so seien auch die neuen Koalitionsverhandlungen zu einer ziemlich ziellosen sowie lustlosen Angelegenheit. Steinmeier hätte noch angeregt, sich etwas mehr Zeit zu lassen: Man solle nach dem anstrengenden Wahlkampf erst einmal verschnaufen und die Fachbeamten in den Ministerien mit den Vorarbeiten zu betrauen. »Doch dieses Mal konnte er sich nicht durchsetzen.«[73]

Die Gespräche seien dann vor allem von den Sparplänen des Finanzministers Hans Eichel dominiert worden, der unter anderem die Umsatzsteuerermäßigung für Schnittblumen habe streichen wollen. Doch im Koalitionsvertrag hätte sich im Grunde kein wirklicher Hinweis darauf gefunden, welche Richtung die Regierung grundsätzlich einschlagen würde. Und so hätte beim Lesen dieses Papiers auch niemand ahnen können, dass die Bundesrepublik in jener Legislaturperiode vor, so Lütjen, »einer der größten Sozialreformen ihrer Geschichte« stehen würde. Einer Reform, die nicht zuletzt die Handschrift Frank-Walter Steinmeiers tragen und unter dem Begriff »Agenda 2010« Einzug in den allgemeinen Sprachgebrauch halten sollte.

Verkündet wurde diese Agenda 2010 am 14. März 2003 im Rahmen der Regierungserklärung des alten und neuen Bundeskanzlers Gerhard Schröder. Doch die Geschichte der Idee dahinter reicht weit zurück. Schon das sogenannte Schröder-Blair-Papier von 1999 kann im Grunde als eine Vorarbeit zu der Agenda angesehen werden. Dieses Papier gilt als eine Art Modernisierungskonzept der europäischen Sozialdemokratie, fußt auf Begriffen beziehungsweise Werten wie Freiheit, Fairness und sozialer Gerechtigkeit.

Die Agenda 2010 nun war zusammengefasst ein Konzept zur Reform des Arbeitsmarkts und der Sozialsysteme, das nicht zuletzt arbeitgeberfreundliche Ideen umsetzte.

Was Gerhard Schröder in seiner Regierungserklärung sagte, löste Beifall und Unmut auf verschiedensten Seiten aus. »Wir müssen die Rahmenbedingungen für mehr Wachstum und für mehr Beschäftigung verbessern«, erklärte er etwa und konnte sich des Beifalls der Abgeordneten der Regierungskoalition sicher sein. Weniger Begeisterung dagegen löste kurze Zeit später eine andere Aussage aus: »Wir werden Leistungen des Staates kürzen, Eigenverantwortung fördern und mehr Eigenleistung von jedem Einzelnen abfordern müssen.«[74] Schröder schloss seine Rede beziehungsweise die Regierungserklärung mit den Sätzen: »Meine Damen und Herren, ich will nicht hinnehmen, dass Lösungen an Einzelinteressen scheitern, weil die Kraft zur Gemeinsamkeit nicht vorhanden ist. Wir Deutsche können stolz sein auf die Kraft unserer Wirtschaft, auf die Leistungen unserer Menschen, auf die Stärke unserer Nation wie auch auf die sozialen Traditionen unseres Landes. Wir haben alles, um eine gute Zukunft für unsere Kinder zu schaffen. Wenn alle mitmachen und alle zusammenstehen, dann werden wir dieses Ziel erreichen.«

Nur war es mit dem Mitmachen und Zusammenstehen so eine Sache. Die Realität fasste Frank-Walter Steinmeier in seinem 2009 erschienenen Buch so zusammen: »Kaum ein politisches Projekt hat so kontroverse Diskussionen ausgelöst wie die Agenda 2010.«[75]

Besagte Kontroverse begann dann im Grunde umgehend nach Schröders Ankündigung. Im Mai 2003 unterzeichneten rund 400 Wissenschaftler einen Aufruf mit der Überschrift »Sozialstaat reformieren statt abbauen – Arbeitslosigkeit abbauen statt Arbeitslose bestrafen«.«[76] Danach folgten unzählige weitere Kritiken, Artikel wurden veröffentlicht, Bücher zum Thema geschrieben.

Als einer der Architekten beziehungsweise Köpfe hinter der Agenda 2010 gilt neben dem damaligen Kanzler Schröder vor allem Frank-Walter Steinmeier, der sich seitdem auch immer wieder rechtfertigen musste und sich immer wieder zu den Kritikpunkten äußerte. Auch in seinem Buch widmete er dem Thema daher viele Seiten. Zu den Anfängen der Überlegungen etwa schrieb er, Schröder und er hätten gewusst, die Regierung müsse die Initiative ergreifen, um in der damals unübersichtlichen Situation Klarheit zu schaffen und politische Führung unter Beweis zu stellen.

Ein Abwarten und Verharren wären zu jener Zeit keine Lösung gewesen, vielmehr sei mutiges und nach vorn gerichtetes Denken gefragt gewesen. Und: »Noch vor Weihnachten lud ich zu ersten Runden mit klugen, unabhängigen Köpfen ein, um mögliche Szenarien für das kommende Jahr zu diskutieren.«[77] Denn es sei schon zu dieser Zeit von weiter zunehmender Arbeitslosigkeit und den damit verbundenen Folgen für die sozialen Systeme und den öffentlichen Haushalt auszugehen gewesen.

Schmaler hätte das Hochseil nicht sein können, auf dem man sich bewegte, fasste Steinmeier die Situation zusammen. Es sei eine neue Politik gefragt gewesen, eine. Eine Politik die überrasche, die erneuere, die aber auch klarmache, dass ihr Ziel nicht Raubbau am Sozialstaat und am Sozialen in der Marktwirtschaft sei, sondern die seine bewährten Institutionen, insbesondere die sozialen Sicherungssysteme, unter veränderten Rahmenbedingungen erhalte und zukunftsfest mache. »Glaubwürdig konnte das nur geschehen, wenn man über Koalitionsvereinbarungen und Parteiprogramme hinausging und bereit war, an Tabus zu gehen.«[78]

Tatsächlich handelte es sich um eine ebenso mutige wie tief greifende und weitreichende Reform, die sich in diesem Umfang nicht von jetzt auf gleich umsetzen ließ, was der Regierung Schröder zwischen den Jahren 2003 und 2005 dann aber weitgehend gelang. Bemerkenswert daran ist zudem nicht zuletzt der Umstand, dass große Teile des Konzepts auch von der damaligen Opposition mitgetragen und von der Union sogar aktiv mitgestaltet wurden. Noch im Jahr 2005 sagte die frisch gewählte Bundeskanzlerin Angela Merkel in Richtung ihres Vorgängers: »Ich möchte Bundeskanzler Schröder ganz persönlich dafür danken, dass er mit seiner Agenda 2010 mutig und entschlossen eine Tür aufgestoßen hat, eine Tür zu Reformen, und dass er die Agenda gegen Widerstände durchgesetzt hat.«[79]

Für die SPD allerdings hatte die Agenda 2010 insgesamt nicht die erhofften Folgen, vielmehr wurde und wird die Partei nicht zuletzt wegen der Agenda bei zahlreichen Wahlen abgestraft. Und immer wieder musste sich auch Frank-Walter Steinmeier in Interviews dem Thema stellen, wie etwa am 10. März 2013, als es in der Sendung Bericht aus Berlin in der ARD um das Thema »10 Jahre Agenda 2010« ging. Moderator Ulrich Deppendorf begann das Gespräch mit der Frage, ob Steinmeier immer noch stolz auf das sei, was man mit der Agenda erreicht habe. Der antwortete, er habe nie gesagt, dass er stolz sei, und ergänzte, man könne im Rückblick nicht einfach stolz sein. Dazu erinnere er sich viel zu sehr an die Kämpfe, die es gegeben habe. Er erinnere sich auch an die Wunde, die die Agenda geschlagen habe – vor allen Dingen für die eigene Partei. Steinmeier weiter: »Aber wenn man zurückschaut, kann man schon sagen mit zehn Jahren Abstand, dass das Land vorangekommen sind (ist), dass wir bei Weitem nicht mehr der kranke Mann Europas sind, der wir vor zehn Jahren waren. Sondern dass wir uns in diesen zehn Jahren ganz nach oben in die Tabelle zurückgekämpft haben.«

Moderator Deppendorf hakte an diesem Punkt nach und fragte, warum die SPD von den Erfolgen der Agenda 2010 nie richtig profitieren konnte – und ergänzte seine Ausführungen um die Zusatzfrage, ob dies damit zusammenhänge, dass die SPD zerstritten sei über Themen wie Hartz IV oder die Rente mit 67. Steinmeier bestätigte, man habe innerparteilich noch viel zu lange gestritten, auch nachdem die Entscheidungen getroffen waren. Es gehörten zu dem Komplex Agenda 2010 aber eben auch verlorene Wahlen. Man habe eine ganze Reihe von Landtagswahlen verloren, weil nicht nur innerhalb der Partei gesagt, sondern auch von den Medien verbreitet wurde, das, was geschehe, sei ein Abbau des Sozialstaats.[80]

Aus dem Kanzleramt ins Außenministerium

Steinmeier sprach am Tag des Interviews von verlorenen Landtagswahlen, nicht von verlorenen Bundestagswahlen. Obwohl gerade die Bundestagswahl des Jahres 2005 nicht zuletzt vor dem Hintergrund des Streits um die Agenda 2010 zu verstehen war.

Zur Vorgeschichte dieser Bundestagswahl ist es ratsam, sich einige Ereignisse jenes Jahres in Erinnerung zu rufen. Am 22. Mai 2005 hatten in Nordrhein-Westfalen Landtagswahlen stattgefunden. Deren Ergebnis bestand vor allem in der Abwahl der nunmehr letzten rot-grünen Landesregierung.

Noch am Wahlabend allerdings trat das eigentliche Wahlergebnis in den Hintergrund. Vielmehr ging es bald fast ausschließlich um Bundespolitik. Denn eine halbe Stunden nach Schließung der Wahllokale trat zuerst SPD-Parteichef Franz Müntefering vor die Kameras, ihm folgte wenig später Bundeskanzler Gerhard Schröder. Beide kündigten an, sie würden eine vorgezogene Neuwahl des Bundestags anstreben. Statt turnusgemäß im Herbst 2006 sollte die Wahl bereits am 18. September 2005 stattfinden.

Das jedoch war noch nicht alles. Schröder sagte ebenfalls noch am Wahlabend, er wolle im Bundestag die Vertrauensfrage stellen, um so die vorzeitige Auflösung des Bundestags und damit die vorgezogenen Neuwahlen zu ermöglichen. Seine Ansprache zu dieser Entscheidung drehte sich nicht zuletzt um die Agenda 2010: »Deutschland befindet sich in einem tief greifenden Veränderungsprozess. Es geht darum, unser Land unter den besonderen Bedingungen der Überwindung der deutschen Teilung auf die Erfordernisse des 21. Jahrhunderts auszurichten. Mit der Agenda 2010 haben wir dazu entscheidende Weichen gestellt. Wir haben notwendige Schritte unternommen, die sozialen Sicherungssysteme zukunftsfähig zu machen und die Wettbewerbsfähigkeit der deutschen Wirtschaft zu stärken. Dies sind unabdingbare Voraussetzungen für mehr Wachstum und Beschäftigung in Deutschland. Erste Erfolge auf diesem Weg sind unübersehbar. Bis sich aber die Reformen auf die konkreten Lebensverhältnisse aller Menschen in unserem Land positiv auswirken, braucht es Zeit. Vor allem aber braucht es die Unterstützung der Bürgerinnen und Bürger für eine solche Politik. Mit dem bitteren Wahlergebnis für meine Partei in Nordrhein-Westfalen ist die politische Grundlage für die Fortsetzung unserer Arbeit infrage gestellt. Für die aus meiner Sicht notwendige Fortführung der Reformen halte ich eine klare Unterstützung durch eine Mehrheit der Deutschen gerade jetzt für erforderlich. Deshalb betrachte ich es als Bundeskanzler der Bundesrepublik Deutschland als meine Pflicht und Verantwortung, darauf hinzuwirken, dass der Herr Bundespräsident von den Möglichkeiten des Grundgesetzes Gebrauch machen kann, um so rasch wie möglich, also realistischer Weise für den Herbst dieses Jahres, Neuwahlen zum Deutschen Bundestag herbeizuführen.« [81] Am

---

27. Juni 2005 übermittelte Schröder dem Bundestag seinen Antrag, ihm das Vertrauen auszusprechen.

Er begründete ihn damit, seine Regierung habe nur mehr eingeschränkte Handlungsmöglichkeiten, auch der parteiinterne Streit um die Agenda 2010 kam zur Sprache. Jene Agenda also, die nicht zuletzt auf der Mitgestaltung Frank-Walter Steinmeiers fußte.

Bei der anschließenden Abstimmung erreichte der Kanzler nicht die erforderlichen Mehrheit, die Abgeordneten sprachen ihm also nicht in ausreichender Zahl das Vertrauen aus. Am 21. Juli 2005 löste der damalige Bundespräsident Horst Köhler schließlich den 15. Deutschen Bundestag auf und machte so den Weg für Neuwahlen frei.

Als dann am 18. September 2005 tatsächlich gewählt wurde, fiel das Ergebnis alles andere als eindeutig aus. Sowohl die Union als auch die SPD verloren deutlich Stimmen, lagen am Ende nahezu gleichauf – die Union erreichte 35,2, die SPD 34,2 Prozent. Die Ergebnisse der Grünen als bisherigem Regierungspartner blieben nahezu unverändert bei 8,1 Prozent.

Noch am Wahlabend ging Gerhard Schröder davon aus, er werden Bundeskanzler bleiben, wie er in der sogenannten Elefantenrunde der öffentlich-rechtlichen Sender betonte. Die Realität sah anders aus: Die neue Kanzlerin in der ebenfalls neuen Großen Koalition hieß Angela Merkel, Gerhard Schröder dagegen erklärte seinen Rückzug aus der Politik und legte am 24. November 2005 sein Bundestagsmandat nieder.

Was wieder zurückführt zu Frank-Walter Steinmeier, der im Jahr 2005 bislang wenig von sich reden gemacht hatte – jedenfalls in der Öffentlichkeit. Erst später sollte Steinmeier erklären, was damals wirklich hinter den Kulissen geschah. Denn dort herrschte demnach keinesfalls Einigkeit über die Idee, im Jahr 2005 Neuwahlen herbeizuführen. Es habe in dem Zusammenhang vielmehr einen Dissens gegeben, wurde Steinmeier 2007 im *Spiegel* zitiert. Schröder sei für Neuwahlen und eine Auflösung des Bundestags gewesen, er aber sei anderer Meinung und dagegen gewesen. Seither habe er sich oft gefragt, wer denn damals recht gehabt habe.[82] Der Kraftakt, die Reformgesetze der Agenda 2010 damals auf den Weg zu bringen, habe sich jedoch gelohnt, so Steinmeier weiter.

Bis zu diesem Punkt hatte sich die Karriere des Frank-Walter Steinmeier vornehmlich um die Innenpolitik gedreht, auch wenn in der Rolle des Kanzleramtschefs und Koordinators verstärkt auch internationale Kontakte hinzukamen. Daher sorgte es bei vielen für Verwunderung, als die neue Kanzlerin Angela Merkel Ende 2005 die Zusammensetzung ihres Kabinetts bekannt gab. In diesem war Frank-Walter Steinmeier – nach Franz Münteferings Rücktritt im Jahr 2007 – Stellvertreter der Kanzlerin, das allerdings war noch nicht die wirkliche Überraschung. Vielmehr wurde der Mann, der als eine Art Buddy des abgelösten Kanzlers Schröder galt, schon mit der Regierungsbildung im Jahr 2005 auch der neue deutsche Außenminister.

Nichtsdestotrotz stieß seine Ernennung gerade in Fachkreisen auf große Zustimmung, nicht zuletzt durch Hans-Dietrich Genscher, der das Amt ebenfalls lange Jahre innehatte. Genscher hatte gesagt, er halte die Ernennung Steinmeiers für eine sehr gute Entscheidung. Denn der sei ein fähiger Mann mit großer Erfahrung, nicht zuletzt habe Steinmeier den inzwischen abgelösten Kanzler Gerhard Schröder auf vielen seiner Auslandsreisen begleitet. Genscher hatte die Berufung Steinmeiers ausdrücklich begrüßt und diesem eine glückliche Hand gewünscht.[83] Was damals noch niemand ahnen konnte: Im Jahr 2016 sollte der einstige Neuling auf internationalem Parkett der deutsche Außenminister mit der drittlängsten Amtszeit nach Joschka Fischer und eben Hans-Dietrich Genscher sein.

Der Schritt
ins Rampenlicht

Mit dem Regierungswechsel im Jahr 2005 wurde Steinmeier also Außenminister. Er war zu diesem Zeitpunkt 49 Jahre alt und hatte sein bisheriges politisches Leben für weite Teile der Öffentlichkeit eher im Verborgenen verbracht. Im Grunde war er immer der Mann dahinter. Derjenige, der es anderen ermöglichte zu glänzen. Von 1999 bis 2005 hatte er zwar den Posten des Kanzleramtschefs inne, doch auch der lässt wenig Möglichkeiten offen, in der ganz großen Öffentlichkeit zu glänzen.

Nun aber sollte sich all das im Grunde ins Gegenteil umkehren. Frank-Walter Steinmeier trat 2005 aus der zweiten Reihe nach vorne ins Rampenlicht. Denn dass er nun das Amt des Außenministers übernahm, bedeutete nicht einfach nur eine neue Aufgabe. Gerade in Deutschland ist der Außenminister traditionell einer der beliebtesten Politiker. Für das Warum gibt es sicher unterschiedlichste Gründe. Einer ist sicher der, dass mit einem Außenminister eine Person verbunden wird, die sich in der Welt der Mächtigen bewegt und dort dann meist auch eine gute Figur abgibt – wenn nicht etwas grundlegend schiefgeht. Einem solchen Minister hört man gerne zu, weil davon ausgegangen wird, dass er sich besonders gut auskennt in der Welt.

Doch für die Beliebtheit eines Außenministers gibt es noch einen anderen und vermutlich nicht minder wichtigen Grund. Wenn nämlich Politiker unbeliebt sind, dann hat das letztlich weniger mit ihrem persönlichen Auftreten zu tun als vielmehr mit den Nachrichten, die sie den Wählern zu verkünden haben. Diese sind häufig nicht das, was die Wähler eigentlich hören wollen. Da geht es dann vielleicht um steigende Steuern oder gestrichene Vergünstigungen, an die die Menschen sich gewöhnt hatten. Von einem Außenminister aber sind derartige Neuigkeiten eben nicht zu erwarten. Der »mischt« sich nicht in das Leben der Menschen ein, streicht ihnen keine Zuschüsse und verlangt auch kaum Geld von ihnen. Der Außenminister ist jene Person, der die Nachrichten in schöner Regelmäßigkeit Aufmerksamkeit in Form von Bildern schenken, wenn er wieder einmal ausländischen Staatsoberhäuptern die Hände schüttelt und sich dabei an exotischen Plätzen in aller Welt befindet. Von allen Politikern hat ein Außenminister daher sicher das größte Glamour-Potenzial.

Nun hat sich Frank-Walter Steinmeier im Lauf seines Lebens nie als ein Mensch entpuppt, der zu Glamour neigt. Doch der Glanz eines Außenministers ist eben nicht mit dem eines Filmstars zu vergleichen. So hatte der legendäre Außenminister Hans-Dietrich Genscher ebenfalls wenig von dem an sich, was gemeinhin mit Glamour verbunden wird. Doch auch er wurde gerade durch seine Tätigkeit im Auswärtigen Amt zu einer politischen Legende, an die sich die Menschen bis heute und damit Jahrzehnte nach dem Ende seiner politischen Karriere erinnern.

Wie beliebt deutsche Außenminister wirklich sind, das wird von den Medien traditionell in entsprechenden Umfragen ermittelt. Und was das Amt des Außenministers bewirken kann, das zeigte sich gerade bei Steinmeiers Amtsvorgänger Joschka Fischer. Der galt weiten Teilen der Bevölkerung zunächst als kaum angemessene Besetzung in dieser Position. Doch das legte sich äußerst schnell. Als die Zeit der rot-grünen Regierung unter Gerhard Schröder begann, rangierte Joschka Fischer noch etwas abgeschlagen auf dem vierten Rang der beliebtesten Politiker – ganz vorne lag selbstredend Schröder selbst. Noch im ersten Monat der Regierungszeit jedoch schob sich Fischer an Schröder vorbei und belegte den ersten Platz. Danach tauschten beide noch einige Male die Plätze, bis Joschka Fischer schließlich über sechs Jahre auf dem Platz des beliebtesten Politikers des Landes blieb. In der Spitze erreichte er dabei Zufriedenheitswerte von 84 Prozent, lediglich die sogenannte Visa-Affäre um missbräuchliche Visa-Vergaben an deutschen Botschaften trübte die Bilanz und ließ Fischers Beliebtheit Anfang 2005 um 15 Prozent einbrechen.

Nun also sollte Frank-Walter Steinmeier den Stab übernehmen und in der Großen Koalition unter Kanzlerin Angela Merkel in deren erstem Kabinett die Rolle des Außenministers ausfüllen.

Dabei zeigte sich zunächst allerdings, dass die Menschen mit der Person des Politikers Steinmeier noch nicht wirklich viel anfangen konnten. Anfangs hatte er alles andere als einen Spitzenplatz unter den beliebtesten Politikern inne, vielmehr startete er weit abgeschlagen auf Rang 13 und sortierte sich damit noch hinter dem damaligen Oppositionsführer Guido Westerwelle von der FDP ein.[84] Das hatte weniger mit einer echten Beliebtheit oder auch Unbeliebtheit zu tun, sondern sicher vor allem damit, dass die Menschen mit seiner Person schlicht nichts anzufangen wussten. Kaum jemand hatte von seinem Ruf als »graue Effizienz« hinter Exkanzler Schröder gehört, die wenigsten wussten, wofür oder auch wogegen dieser Steinmeier stand.

Das aber sollte sich im Verlauf der Legislaturperiode ändern. Immer wieder einmal erreichte Steinmeier Spitzenplätze, auch wenn er es zu jener Zeit noch nicht mit einer Beliebtheit wie der seines Amtsvorgängers Fischer aufnehmen konnte. Immerhin aber lag er oft gleichauf mit einem Minister wie Wolfgang Schäuble oder dem damaligen Bundespräsidenten Horst Köhler. Am Ende der Legislaturperiode war er zwar immer noch nicht ganz oben angekommen, festigte aber seinen Platz in der Spitzengruppe der beliebtesten Politiker. Dazu muss gesagt werden, dass es gerade zu jener Zeit einige Politiker gab, deren Charisma die Menschen in besonderem Maße anzog, wie etwa Karl-Theodor zu Guttenberg. Dessen großer Aufstieg bis hin zum Bundesverteidigungsminister stand damals noch bevor – ebenso wie sein schneller und tiefer Fall im Zuge der Plagiatsaffäre um seine Doktorarbeit. Als sich die Zeit der Großen Koalition dem Ende zuneigte, fand sich Kanzlerin Merkel auf dem ersten Platz der beliebtesten Politiker vor Karl-Theodor zu Guttenberg und Ursula von der Leyen wieder. Frank-Walter Steinmeier verfehlte den Sprung auf das Podest der ersten drei, belegte aber den vierten Platz – immer noch eine gewaltige Steigerung vor dem Hintergrund, dass er das Rennen vom 13. Platz aus aufnahm.

Was nicht so selbstverständlich war, wie es scheint. Zwar ist der Außenminister wie erwähnt prinzipiell einer der beliebtesten Minister in Deutschland, es gab aber auch immer Personen, die den entsprechenden Bonus schnell verspielten. Das war beispielsweise bei Steinmeiers Nachfolger im Amt der Fall. Bei den Bundestagswahlen im Jahr 2009 erreichte die FDP mit 14,6 Prozent der Wählerstimmen das beste Ergebnis ihrer Geschichte – und in der Folge wurde Guido Westerwelle Bundesaußenminister. Der mittlerweile verstorbene ehemalige FDP-Vorsitzende konnte sicher auf eine höhere Bekanntheit verweisen, als es bei Steinmeier zu Beginn seiner Amtszeit der Fall gewesen ist. Trotzdem lag Westerwelle zunächst nur auf Rang sieben der beliebtesten Politiker und schaffte es in der Folge, diesen Rang in Richtung Unbeliebtheit zu verlassen: Nach einem halben Jahr Amtszeit lag er nur noch auf Rang 14, im Jahr 2011 schließlich nur mehr auf Platz 17.

Als einen Grund für den deutlichen Abstieg werteten Experten den Umstand, Westerwelle hätte gerade zu Beginn seiner Zeit als Außenminister in seiner Position als FDP-Chef eben auch noch Innenpolitik machen müssen und so letztlich vieles falsch gemacht. Steinmeier dagegen habe im Grunde von Beginn an alles richtig gemacht, habe Kompetenz bewiesen und den Menschen damit nicht zuletzt die Überzeugung vermittelt, er sei ein Mann, der einfach wisse, was er da tue.

Wenn von diesen Anfängen der ersten Amtszeit des Außenministers Frank-Walter Steinmeier gesprochen wird, dann muss dabei immer berücksichtigt werden, dass die Welt im Jahr 2005 in gewisser Hinsicht noch eine andere war. Was sich auch in der Antrittsrede Steinmeiers im Deutschen Bundestag am 30. November 2005 ausdrückte. Darin fanden sich einerseits Themen, die sich seitdem kaum verändert haben – wie etwa das gute Verhältnis zwischen Deutschland und den Vereinigten Staaten von Amerika. Doch es gab eben außerdem Passagen, die heute deutlich anders lauten dürften, wie etwa diese: »Wir wollen jetzt nach vorne blicken und sehen, was wir zur Stabilisierung der Situation etwa in Afghanistan, auf dem Balkan, im Nahen und Mittleren Osten, bei den östlichen Nachbarn der Europäischen Union oder in Zentralasien beitragen können. Klar ist auch: Unsere guten Beziehungen zu Russland werden nicht etwa argwöhnisch beäugt, sondern ausdrücklich begrüßt, weil ein Russland, das sich nach Westen orientiert, in unserem gemeinsamen Interesse liegt und weil Russland ein unverzichtbarer Partner für Frieden und Stabilität in Europa und den Nachbarregionen ist.«[85] Gerade der Status Russlands hat sich in dem Jahrzehnt, das seit diesem Tag im Jahr 2005 vergangen ist, doch merklich verschoben. Von einem Russland, das sich am Westen orientiert, war zuletzt bekanntlich kaum mehr die Rede.

Und dann kam noch ein Thema zur Sprache, mit dem sich Steinmeier in den ersten Tagen seiner Amtszeit besonders intensiv zu beschäftigen hatte: »Ein abschließender Satz zum Geiseldrama, aber vielleicht aus einer etwas anderen Perspektive. Natürlich sehe ich – das habe ich gegenüber der Öffentlichkeit zum Ausdruck gebracht – das Schicksal der deutschen Geisel und ihres Fahrers im Irak mit großer Sorge. Sie wissen, dass alle unsere Anstrengungen darauf gerichtet sind, das Leben der Geiseln zu schützen und die Freilassung zu erreichen. In diesem Zusammenhang bestand gestern bei den Gesprächen in den USA die Möglichkeit, den amerikanischen Partner zu bitten, mit regionalem Wissen und Kenntnis der Personalstrukturen behilflich zu sein. Das ist zugesagt worden. Die Deutsche Botschaft, das BKA und das Auswärtige Amt mit seinem Krisenstab sind im Augenblick intensiv bei der Arbeit.«[86]

Bei dem angesprochenen Schicksal einer deutschen Geisel handelte es sich um einen Fall, der damals die Menschen im Land ausgesprochen intensiv beschäftigte und der trotzdem inzwischen fast vergessen ist. Es ging um die deutsche Archäologin Susanne Osthoff.

Osthoff war bereits in den Neunzigerjahren zum Islam konvertiert, hatte einen Araber geheiratet und außerdem eine Vielzahl arabischer Länder bereist. Am 25. November 2005 wurde sie gemeinsam mit ihrem Fahrer auf der Fahrt ins 250 Kilometer nördlich der Hauptstadt Bagdad gelegene Arbil im Nordirak von einer Gruppe der Saraja al-Salasil gekidnappt und verschleppt.

Dieser Fall nun sollte, wie es die *Süddeutsche Zeitung* Jahre später überschrieb, »die Feuertaufe des Ministers« werden.[87]

Demnach erreichte die Nachricht von der Entführung Steinmeier kurz nach seiner Vereidigung Ende November. Gänzlich neu war für ihn der Umgang mit einem derartigen Krisenszenario allerdings nicht. Laut der Süddeutschen hatte Steinmeier bereits im Jahr 1999 in der Zeit als Kanzleramtsminister ebenfalls einen recht kritischen Fall zu meistern. Damals war es um einen deutschen Geschäftsmann gegangen, dem wegen angeblicher sexueller Belästigung einer Iranerin die Todesstrafe drohte. Die Strafe wurde jedoch aufgehoben, der Mann kam gegen Zahlung eines Bußgelds frei – wohl auch vor dem Hintergrund entsprechenden Drucks der deutschen Regierung.

Nachdem nun im Jahr 2005 die Nachricht von Susanne Osthoffs Entführung das Auswärtige Amt erreicht hatte, hielt man den Fall laut der Süddeutschen zunächst einmal drei Tage lang gegenüber der Öffentlichkeit geheim und richtete während dieser Zeit einen Krisenstab ein.

Als Steinmeier dann aber nach New York zu seinem Antrittsbesuch bei UN-Generalsekretär Kofi Annan reiste, wurde ihm mitgeteilt, die Entführer hätten ein Video an die ARD geschickt. Mehr noch: Sie verlangten vor allem die Ausstrahlung des Videos.

Dazu aber sollte es nicht kommen, jedenfalls nicht in der gewünschten vollumfänglichen Form. Vielmehr hatten die zu der Rundfunkanstalt gehörenden Sender in Absprache mit dem Aus-

wärtigen Amt nur ein Foto beziehungsweise Standbild der Ent-
führten umgeben von ihren Kidnappern gezeigt.

Für Steinmeier wurde seine USA-Reise vor diesem Hintergrund zu einer doppelten Belastungsprobe. Einerseits musste er
gegenüber seiner damaligen US-Amtskollegin Condoleezza Rice
die europäische Kritik an geheimen CIA-Gefangenentransporten
der USA thematisieren, andererseits, so die *Süddeutsche Zeitung*,
»war Berlin an einem guten Draht zur US-Regierung als eigentli-
chem Machthaber im Irak gelegen«.[88]

Insgesamt hätten Steinmeier und das Auswärtige Amt das Thema seinerzeit sehr diskret gehandhabt, unter anderem hätte man
etwa auf Hintergrundgespräche mit Journalisten verzichtet.

Was natürlich nichts daran änderte, dass die Medien trotzdem ausführlich über den Fall informierten. Sie berichteten zudem über die Reaktionen der Öffentlichkeit, die die Angelegenheit zwar mit deutlicher Aufmerksamkeit verfolgte, jedoch nicht
mit einem überbordenden Mitgefühl, wie es im Fall der ersten
im Irak verschleppten deutschen Staatsbürgerin eigentlich zu erwarten gewesen wäre. Es gab keine groß angelegten Demonst-
rationen, bei einer Mahnwache sollen kaum mehr als 100 Leute
zusammengekommen sein. Das wurde einerseits so interpretiert,
die Menschen hätten eben großes Vertrauen in das Verhandlungs-
geschick ihrer Regierung und den Außenministers. Andererseits
gab es aber durchaus Vorbehalte gegenüber der Person Susanne
Osthoff – nicht zuletzt mit der Begründung, sie sei ja vor Jahren bereits zum Islam konvertiert und habe sich zudem aus frei-
en Stücken in einer der seinerzeit gefährlichsten Regionen der
Welt aufgehalten, hätte daher mit den verbundenen Risiken leben
müssen. Wie auch immer: Was hinter den Kulissen vonseiten des
Auswärtigen Amts getan wurde, zeitigte schließlich Erfolg. Am

18. Dezember 2005 ließen die Entführer Osthoff frei, Steinmeier wurde damals so zitiert, sie befände sich in körperlich guter Verfassung. Die erste Bewährungsprobe konnte der Außenminister also erfolgreich hinter sich bringen.

Doch es war natürlich nicht nur die Entführung Susanne Osthoffs, die Steinmeiers Gespür für angemessenes Handeln fordern sollte. So galt es im Jahr 2006 unter anderem die Entscheidung zu treffen, einen Staatsbesuch durchzuführen oder ihn abzusagen. Dieser sollte im August des Jahres nach Syrien führen, wo der Außenminister sich im Rahmen einer Nahost-Reise mit dem syrischen Präsidenten Baschar al-Assad treffen wollte. Geplant war eigentlich, Syrien in das Bemühen um einen dauerhaften Frieden im Nahen Osten einzubinden. Zwar tobte in Syrien zu jener Zeit noch nicht der Bürgerkrieg in seinem späteren Ausmaß, trotzdem hatte al-Assad wohl schon damals ganz eigene Vorstellungen von Diplomatie oder der Vorbereitung eines Treffens mit dem deutschen Außenminister. Denn er hielt in Damaskus eine Rede, in der er einen Frieden mit dem »Feind« Israel kategorisch ausschloss. Doch das war noch nicht alles. Der *Spiegel* zitierte am 15. August 2006 weitere Passagen aus al-Assads Ansprache. Etwa diese: »›Denjenigen, die Syrien vorwerfen, es unterstütze die Hisbollah, sagen wir, dass dies für uns eine große Ehre ist und ein Orden an der Brust jedes Arabers‹, sagte Assad. ›Der israelische Angriff auf den Libanon war eine große Niederlage für Israel und seine Verbündeten.‹«[89] Assad machte zudem die Politik der US-Regierung für die Spannungen in der Region verantwortlich.

Für Steinmeier hieß es vor diesem Hintergrund also, die richtige Entscheidung zu treffen. Sie lautete dem *Spiegel* zufolge, »jetzt nicht« nach Syrien zu reisen. Die Rede al-Assads sei ein negativer Beitrag gewesen, der den Herausforderungen des Nahen Ostens in keiner Weise gerecht werde. Syrien könne aber durch angemessenes Handeln verlorenes Vertrauen wiederherstellen. Einmal mehr also fand Steinmeier die richtigen Worte, um einerseits deutlich auszudrücken, worum es ihm ging, aber andererseits dem Gegenüber nicht die Tür vor der Nase zuzuschlagen.

Ergebnisse statt schöne Bilder

Immer wieder geht es im Leben eines Außenministers nicht allein um angemessenes Handeln, sondern um das politische Alltagsgeschäft, das nicht zuletzt darin besteht, Reden zu halten – und zwar über das Jahr verteilt viele Dutzende zu den unterschiedlichsten Themen. Was Frank-Walter Steinmeier während seiner ersten Amtszeit als Außenminister in stoischer Unermüdlichkeit trat. So begann er das Jahr 2007 am 1. Januar mit einem Grußwort zum EU-Beitritt Bulgariens, während er am 14. Juni zur Eröffnung des Festivals »Macht der Sprache« redete und am 3. Dezember bei der Konferenz »Impulse der Außenpolitik für eine sichere und nachhaltige Energieversorgung« – ganz zu schweigen von den unzähligen Reden, Ansprachen und Grußworten zwischen diesen Terminen.[90] Steinmeier absolvierte all diese Termine professionell und wie immer in gewissem Maße uneitel. Genau das sollte schließlich zu einem Merkmal seiner Amtszeit werden und ihn von anderen hochrangigen Politikern unterscheiden.

An genau diese Unterschiede erinnert auch Biograf Torben Lütjen in seinem Steinmeier-Buch von 2009. Und er macht sie nicht zuletzt an einem Vergleich zwischen Steinmeier und dessen Vorgänger Joschka Fischer fest.

Steinmeier habe es immer geschafft, eine Distanz zu Dingen beizubehalten, die Fischer nie ausgestrahlt habe. Im Mittelpunkt hätte nie die Person Frank-Walter Steinmeier, sondern die Probleme an sich gestanden. Fischer wiederum habe sich deutlich daran erfreut, im Kreise der Großen der Welt zu verkehren und von diesen als gleichberechtigter Gesprächspartner angesehen zu werden. Besonders inbrünstig habe er etwa von der amerikanischen Außenministerin Madeleine Albright geschwärmt, die er die »liebe Madeleine« nannte. Bei Steinmeier hingegen hätten sich solche Differenzierung nicht ausmachen lassen. Der habe sich von Beginn an mehr auf den Beamtenapparat seines Ministeriums sowie auf einige Vertraute aus seiner Zeit im Kanzleramt verlassen.[91]

Dieser Umgang mit seiner Arbeit und seiner Position verwehrte Steinmeier sicher ein in Grenzen glamouröses Image wie das des Außenministers Fischer. Auf der anderen Seite aber lernten die Menschen und Wähler genau das im Lauf der Zeit immer stärker an Frank-Walter Steinmeier zu schätzen. Das war jemand, dem es nicht um die große Show oder ein Foto mit Wiedererkennungswert ging, bei ihm ging es immer um die Sache und damit um die Ergebnisse, die er zu liefern hatte, die er liefern wollte.

Das wird an einem weiteren Beispiel aus dem Jahr 2008 deutlich. Eines, das zudem das Bild eines Frank-Walter Steinmeiers zeichnet, der unter bestimmten Umständen auch äußerst verärgert oder gar erbost reagieren kann. In diesem Fall ging es um einen Besuch des Dalai Lama in Deutschland. Das religiöse Oberhaupt der Tibeter, so hieß es damals, wolle sich mit der Entwicklungsministerin Heidemarie Wieczorek-Zeul treffen, wie Steinmeier Mitglied der Sozialdemokraten. Nun mag ein Treffen mit einer Person wie dem Dalai Lama oberflächlich betrachtet kein Vorgang sein, der tief greifende politische Folgen nach sich zieht – schließlich handelt es sich hier nicht um das Staatsoberhaupt einer großen Nation. Trotzdem sind gerade beim Dalai Lama aus politischer Sicht zahlreiche Fakten und Hintergründe zu beachten, die später noch ausführlicher beleuchtet werden sollen.

In diesem Fall sorgte das geplante Treffen jedoch zunächst einmal für deutliche Verärgerung beim Außenminister. Denn dass seine Parteikollegin sich mit dem Dalai Lama treffen wollte, darüber wurde Steinmeier nicht zuvor offiziell in Kenntnis gesetzt, er erfuhr davon vielmehr erst während einer Reise durch Russland. Danach soll er, wie die Zeit es formulierte, aus allen Wolken gefallen sein.[92]

Die Zeitung wies zudem auf Angaben aus SPD-Kreisen hin, nach denen der Außenminister über den Vorgang äußerst verärgert gewesen sein soll. Denn das angesetzte Treffen wurde als eine Art Schuss vor den Bug gewertet und sorgte zudem nicht nur innerhalb der SPD für Ärger.

Dahinter verbarg sich nicht zuletzt der Umstand, dass die Mitglieder der Regierung beziehungsweise der Regierungsparteien einen jeweils unterschiedlichen Informationsstand hatten. So habe sich einerseits ein Sprecher des Auswärtigen Amts zur Sache in der Form geäußert, der Minister wäre vorab eben nicht informiert, das Kanzleramt allerdings sei über das Treffen sehr wohl im Bilde gewesen. Laut der Zeit dementierte der Vizeregierungssprecher jedoch, Kanzlerin Angela Merkel selbst habe im Hintergrund die Fäden gezogen. Immerhin, so wurden seine Aussagen wiedergegeben, habe die Kanzlerin von den Bemühungen Wieczorek-Zeuls etwas vernommen. Das Entwicklungshilfeministerium wiederum erklärte, bei der Anbahnung des Treffens habe es sich um eine Initiative der Ministerin gehandelt.

Nun soll es an dieser Stelle nicht vorrangig darum gehen, einen Streit oder ein Missverständnis innerhalb der Regierung aufzuzeichnen, vielmehr ist gerade diese Situation sehr gut geeignet, Steinmeiers Denken beziehungsweise seine Vorgehensweise aufzuzeigen. Um die zu verstehen, ist es wiederum ratsam, noch ein wenig weiter in die Vergangenheit zu springen.

Die Streitigkeiten rund um das Treffen Wieczorek-Zeuls mit dem Dalai Lama trugen sich im Mai des Jahres 2008 zu. Im September des Vorjahrs hatte sich der Dalai Lama schon einmal in Deutschland aufgehalten. Bei diesem Aufenthalt war es zu einem Treffen mit Kanzlerin Merkel gekommen. Das wiederum hatte zu einer deutlichen Belastung der deutsch-chinesischen Beziehungen geführt. Und es hatte zudem einen Streit zwischen Steinmeier und Merkel zur Folge. Denn nach besagtem Treffen warf die SPD und damit Steinmeier der Kanzlerin vor, sie würde öffentlichkeitswirksame Auftritte über langfristige und strategisch wichtige Beziehungen zu China stellen. Das war natürlich nur die eine Sicht der Dinge. Die andere war etwa die, dass Unterstützer Tibets die Regierung aufforderten, sich stärker für Tibet einzusetzen. Die Situation dort habe sich zuletzt massiv verschlechtert, da chinesische Behörden Proteste und Forderungen nach Autonomie brutal unterdrückten. Der lange geplante Besuch des Dalai Lama in Deutschland sei daher weniger unter einer religiösen Prämisse zu werten, sondern solle vielmehr ein politisches Signal setzen.

Und nicht zuletzt darum ging es, als der Dalai Lama nun im Mai 2008 wieder nach Deutschland kommen sollte. Dass nämlich ein Besuch des Dalai Lama immer ein Politikum vor dem Hintergrund der Situation Tibets und des Verhältnisses zu China darstellt. Denn auch schon 2008 war den meisten Menschen klar, gerade China würde für die wirtschaftliche Zukunft Deutschlands mit entscheidend sein.

So ließen sich dann die weiten Kreise erklären, die die Unstimmigkeiten über das Treffen im Jahr 2008 zogen. Wie diese im Einzelnen aussahen, das fasste die Zeit damals so zusammen: Der SPD-Fraktionsvize Walter Kolbow habe das Vorgehen für unüblich gehalten: In einer solchen Schlüsselfrage müsse man von der Regierungschefin eine aktive Koordinierung erwarten können Die Verärgerung darüber, dass Wieczorek-Zeul ihrer Partei und Steinmeier in den Rücken gefallen sei, wäre bei den Genossen groß gewesen. Hinter vorgehaltener Hand sei zu hören gewesen, sie wolle sich möglicherweise Rückendeckung bei Merkel im Etatstreit mit Finanzminister Peer Steinbrück (SPD) holen. SPD-Kreise hätten aber auch gesagt, Wieczorek-Zeul sei nur eine Figur in einem Spiel, das andere spielten. »Für die CDU sei es ein gefundenes Fressen, wenn durch ihr Treffen mit dem Dalai Lama das Bild einer zerstrittenen SPD entstehe.«[93]

Zusätzlich hieß es, die Christdemokraten hätten Steinmeier dafür kritisiert, dass er den Dalai Lama nun gar nicht treffen wolle. Denn er hätte sich viele Unannehmlichkeiten ersparen können, wenn er sich einfach nur 30 Minuten Zeit für ein solches Treffen genommen hätte. Wie die Zeit dann außerdem noch erwähnte, sei es auffällig gewesen, dass sich außer der SPD-Frau Wieczorek-Zeul nur Politiker der Union mit dem religiösen Oberhaupt der Tibeter getroffen hätten. Was dann als ein Zeichen des Einstehens für Menschenrechte aufseiten der Union angesehen wurde – jedenfalls vonseiten der Union. Von dort hieß es etwa, Kanzlerin Merkel nehme eine Verärgerung Pekings in Kauf und sei für ein Treffen mit dem Friedensnobelpreisträger offen, um ehrliche Menschenrechtspolitik zu demonstrieren. Was erst einmal so klingt: Die Union und die Kanzlerin würden eher für die Menschenrechte einstehen, während der SPD und damit Steinmeier vor allem an einer Intensivierung der wirtschaftlichen Beziehungen zu China gelegen sei.

Nur wurde dabei ein wesentlicher Fakt unterschlagen. Nämlich der, dass ein Frank-Walter Steinmeier eben langfristiger denkt, als es eine große Zahl anderer Politiker tut. Und dass er vor diesem Hintergrund eben nicht auf schöne Bilder wie den Handschlag mit dem Dalai Lama setzt, sondern vor allem auf stille und wirkungsvolle Diplomatie im Hintergrund. Denn Steinmeiers Verärgerung beruhte eben nicht allein darauf, dass man ihn über das geplante Treffen des Dalai Lama mit Heidemarie Wieczorek-Zeul im Unklaren gelassen hatte, vielmehr ärgerte ihn wohl deutlich mehr, welchen Einfluss dieser kurze Moment auf seine langfristigen diplomatischen Bemühungen haben würde. Denn der deutsche Außenminister soll sich zu jener Zeit bereits länger bei seinem chinesischen Amtskollegen dafür eingesetzt haben, dass China die Gespräche mit Tibet wieder aufnimmt. Dies hätte dann auf chinesischer Seite dazu geführt, wieder mit dem Dalai Lama in Kontakt zu treten. Eine Entwicklung, die sicher auf einem gelungenen Drahtseilakt bundesdeutscher Diplomatie beruhte, die nun doch noch durch das kurzfristig anberaumte Treffen mit dem Dalai Lama in Deutschland hätte scheitern können.

Genau das erklärte Steinmeier dann auch noch selbst, und zwar in einem Papier an die SPD-Spitze, in dem er seinen Verzicht auf ein Treffen mit dem Dalai Lama erläuterte und das wenig später vom Magazin Focus zitiert wurde.[94] Darin erklärte der Außenminister seinen Parteikollegen, er habe den tibetisch-chinesischen Dialog nicht gefährden wollen. Zuvor nämlich habe ihm sein chinesischer Amtskollege in einem Telefonat versichert,

China plane einen wirklichen Neuanfang in Bezug auf Gespräche mit dem Dalai Lama.

Es war also tatsächlich so, dass Steinmeier langfristige Bemühungen und in der Folge vermutlich langfristig wirksame Ergebnisse nicht für einen kurzen Moment der öffentlichen Wirksamkeit aufs Spiel setzen wollte. Genau das, und man kann es nicht oft genug sagen, muss immer im Hinterkopf behalten werden, wenn das Handeln des Frank-Walter Steinmeier beurteilt oder kritisiert werden soll. Denn er ist eben in der Lage, wirklich langfristig zu denken und die Folgen einzelner Handlungen für die Zukunft zu bedenken, zu analysieren und in Bezug zueinander zu setzen. Eine Fähigkeit, die man zahllosen Politikern wünschen möchte, denen die Fähigkeit fehlt, über den Moment hinaus zu denken.

Doch natürlich war nicht jede Handlung während Steinmeiers erster Amtszeit von derart möglichen weitreichenden Folgen geprägt. Es gab auch Termine und Reisen, die deutlich einfacher zu managen waren, wie etwa ein zweitägiger Besuch in Norwegen und Schweden, zu dem Steinmeier im August 2008 aufbrach. Zu dieser Zeit jedoch hatte sich an anderer Stelle etwas ereignet, das zunächst noch nebensächlich schien, dessen Auswirkungen sich jedoch nach einer Weile deutlich zeigen sollten. Im Juli 2007 meldete unter anderem das *Handelsblatt*: »Ein solches Zugpferd dürfte sich so mancher SPD-Landesverband wünschen: Bundesaußenminister Frank-Walter Steinmeier, einer der beliebtesten deutschen Politiker, zieht als Spitzenkandidat der Brandenburger Sozialdemokraten in den Bundestagswahlkampf 2009.«[95] Wie es hieß, hatte der damalige brandenburgische Ministerpräsident Matthias Platzeck diese Personalie im Rahmen des SPD-Sommerfests in Potsdam bekannt gegeben. Er selbst, so Platzeck, wolle die Kandidatenliste der gleichzeitig anstehenden Landtagswahl anführen. Steinmeier wurde am Tag der Bekanntgabe ordentliches Mitglied des SPD-Ortsvereins Kirchmöser/Plaue. Die Entscheidung, nach Brandenburg zu kommen, habe er sich sehr genau überlegt.

Im Ortsverein Kirchmöser wurde Steinmeier nun als Mitglied mit der Nummer 19 geführt. Sein Wahlkreis wiederum trug die Nummer 60, und er sollte ihm bald auch ein für ihn vollkommen neues Politikergefühl bieten. Und nicht nur die Bewohner des Wahlkreises, auch die Medien waren nun höchst gespannt darauf, wie Steinmeiers Einstieg in die Lokalpolitik sich gestalten würde. Wahre Horden von Journalisten hätten sich für Ende August angesagt, als Steinmeier zum ersten Mal durch seinen Wahlkreis tingeln sollte. Keiner habe die Wandlung des Staatsgeheimnisträgers in einen volksnahen Genossen verpassen wollen. Für die Parteikarriere opferte der Außenminister damals sogar die dritte Woche seines Sommerurlaubs. »Statt Brüssel und Moskau warten dann Jüterbog, Rathenow – und Kirchmöser«, schrieb etwa der *Spiegel* im August 2007.[96] Auch warum sich Steinmeier dieser neuen Aufgabe stellte, erläuterte der *Spiegel*. Denn über seinen Wahlkreis wolle Steinmeier bei der Bundestagswahl im Jahr 2009 erstmals in den Bundestag einziehen. Das nämlich sei nicht zuletzt die Voraussetzung dafür, Kanzler zu werden. Theoretisch sei eine solche Kandidatur auch ohne Bundestagsmandat möglich, nur sei diese Kombination in der Realität eher unwahrscheinlich. Nun war bislang von einer Kanzlerkandidatur Frank-Walter Steinmeiers noch gar keine Rede gewesen, hatte der sich doch als Außenminister erst kurz zuvor aus dem politische Schatten gewagt. Doch seitdem war noch etwas anderes geschehen: Steinmeier galt inzwischen als der beliebteste Sozialdemokrat im Lande, hatte diesbezüglich alle prominenten Parteigenossen hinter sich gelassen.

Das Jahr 2009 – der Kandidat und das Chaos

Wie sich die Rolle des Kanzlers beziehungsweise Regierungs-chefs anfühlte, das konnte Frank-Walter Steinmeier im Sommer 2008 schon einmal kurz testen. Ende Juli nahm er im Bundes-tag auf dem Stuhl von Kanzlerin Merkel Platz und leitete von dort erstmals eine Sitzung des Bundeskabinetts. Denn inzwi-schen nahm er seit dem Rücktritt Franz Münteferings im Jahr 2007 auch die Funktion des Vizekanzlers ein. Und weil Kanzlerin Merkel sich in jenem Sommer bereits in den Urlaub verabschie-det hatte, saß nun der Vize auf ihrem Platz. Das allerdings kaum mehr als eine halbe Stunde, danach war schon wieder alles vo-rüber. Steinmeier blieb zudem während dieser Sitzung eher un-auffällig, wofür es manchen Grund gab. »Immerhin jubiliert man seit Wochen in der SPD, dass es die Partei nach einer Phase der Selbstzerfleischung endlich geschafft habe, das Thema der Kanz-lerkandidatur aus den Schlagzeilen zu verbannen. Ein demons-trativ auftrumpfender Außenminister hätte die Debatte wieder angeheizt«, fasste das *Handelsblatt* die Lage in einem Artikel zu der Sitzung zusammen.[97]

Dass der Außenminister überhaupt mit einer Kanzlerkandidatur in Verbindung gebracht wurde, hing nicht zuletzt mit dem Abstieg beziehungsweise Rücktritt anderer Spitzengenossen zusammen. Ein Name, der in diesem Zusammenhang fallen muss, ist sicher der des schon erwähnten Franz Müntefering. Er war nicht nur eines der bekanntesten Gesichter der SPD, er war auch Minister und unter anderem Bundesvorsitzender seiner Partei. In der Großen Koalition unter Angela Merkel übernahm er ab November 2005 die Funktion des Bundesministers für Arbeit und Soziales, fungierte zudem als Vizekanzler. Am 13. November 2007 kündigte Müntefering jedoch seinen Rücktritt als Minister und Vizekanzler an. Die Gründe dafür waren allein privater beziehungsweise familiärer Natur: Seine damalige Ehefrau litt an Krebs und sollte der Krankheit im Juli 2008 dann auch erliegen.

Das wiederum führt zu einer zweiten SPD-Personalie jener Zeit. Im Juni 2002 war Matthias Platzeck zum Ministerpräsidenten von Brandenburg gewählt worden. Bald schon wurde Platzeck zu einem der beliebtesten Politiker des Landes, im November 2005 wurde er zum Bundesvorsitzenden der SPD gewählt. Doch kurz darauf sollten ihm gesundheitliche Probleme zu schaffen machen. Einen ersten Hörsturz erlitt Platzeck zum Jahreswechsel 2005/2006, wenig später folgte im Februar 2006 ein Kreislauf- und Nervenzusammenbruch. Zu einem zweiten Hörsturz kam es im März 2006. Platzeck litt unter einem deutlichen Verlust seines Hörvermögens, musste sich nun für längere Zeit in ärztliche Behandlung begeben. Das wiederum hatte im April 2006 Platzecks Rücktritt vom Amt des Bundesvorsitzenden der SPD zur Folge, womit sich einer der wichtigsten Hoffnungsträger der Partei von der großen politischen Bühne verabschiedete.

Das Amt des Bundesvorsitzenden wurde zunächst kommissarisch von Platzecks bisherigem Stellvertreter Kurt Beck übernommen. Der wurde dann im Mai 2006 auf dem SPD-Parteitag offiziell zum Vorsitzenden der deutschen Sozialdemokraten gewählt. In dieser Funktion galt er fast schon selbstverständlich als nächster Kanzlerkandidat seiner Partei, auch wenn er selbst nach außen das Thema offen beziehungsweise die Frage unbeantwortet ließ. Was er wirklich dachte und wohl plante, sollte erst nach der nächsten Bundestagswahl bekannt werden, nämlich im Jahr 2010. Im November jenes Jahres veröffentlichte die Whistleblower-Plattform WikiLeaks Depeschen von US-Botschaften – der Vorgang wurde bald unter dem Begriff Cablegate zusammengefasst. Die Öffentlichkeit erfuhr in diesem Zusammenhang, was die Amerikaner wirklich von manchem Staatenlenker hielten, häufig nämlich nicht sehr viel. Dabei kam jedoch außerdem etwas ans Licht, das im großen Zusammenhang eigentlich nur eine Randnotiz war, trotzdem aber deutlich machte, was von den öffentlichen Aussagen einiger Politiker tatsächlich zu halten ist. Denn aus den Inhalten von Cablegate ging hervor, in der Staatskanzlei des rheinland-pfälzischen Ministerpräsidenten Kurt Beck sei bereits ab Anfang 2007 dessen potenzielle Kanzlerkandidatur vorbereitet worden.[98]

Doch für den standen die Zeichen bald alles andere als gut. Vielmehr sank die Beliebtheit Kurt Becks spätestens zu Beginn des Jahres 2008 rapide ab. Gründe dafür gab es einige, nicht zuletzt einen parteiinternen Streit um die Öffnung der SPD gegenüber der Linkspartei. Das alles führte dazu, dass selbst unter den Anhängern der eigenen Partei sich 54 Prozent gegen einen Kanzlerkandidaten Beck aussprachen. Bezogen auf die gesamte Bevölkerung wurde die Ablehnung noch deutlicher: Die Zustimmung für den Kanzlerkandidaten Kurt Beck war laut dem ZDF-Politbarometer von 40 auf nur mehr 27 Prozent gefallen.[99]

Ein Grund bestand darin, dass man ihm schlicht nicht glauben mochte. Beck in Hinblick auf die Zusammenarbeit mit den Linken Wortbruch vorzuwerfen hielten nicht weniger als 43 Prozent der Befragten für gerechtfertigt. In der damals aktuellen Lage plädierten nur noch 37 Prozent der SPD-Anhänger und 27 Prozent aller Befragten für den Kandidaten Kurt Beck. Was eine Kandidatur mit dem Begriff aussichtslos am treffendsten umschreiben ließ.

Das wiederum führte zu einer Meldung, die am Abend des 6. September 2008 verbreitet wurde. An diesem Samstag erfuhren die Wähler von einer Entscheidung, die während des Tages unweit des Schwielowsees in Brandenburg getroffen worden war. Dort sollte die Parteispitze am darauffolgenden Sonntag zu einer eintägigen Klausurtagung zusammentreffen, die sich um die Eckpunkte des Wahlprogramms für das Jahr 2009 drehen würde. Geleitet wurde die Tagung vom Parteivorsitzenden Kurt Beck, teilnahmen die Parteispitze, die SPD-Ministerpräsidenten und die Bundesminister der Partei.

Die an jenem Samstag verbreitete Meldung trug etwa beim *Spiegel* die unzweideutige Überschrift »Steinmeier wird Kanzlerkandidat der SPD« bei der Bundestagswahl im Jahr 2009.[100]

Wie es hieß, hatte Steinmeier im Vorfeld der Tagung zahlreiche Gespräche mit Kurt Beck geführt. Er habe den Vorsitzenden dabei von der Notwendigkeit eines schnellen Handelns überzeugt, schließlich fand inner- und außerparteilich nun schon seit Monaten eine Diskussion um die Kanzlerkandidatur bei den Sozialdemokraten statt. Über den Zeitpunkt der Verkündigung der Kandidatur habe Steinmeier zudem im Vorfeld schon seit Monaten mit seinen engsten Vertrauten beraten. Dabei ging es auch um die Vermeidung des Eindrucks, die SPD reagiere vor dem Hintergrund der andauernden Diskussion zum Thema nun auf Druck von außen. Zudem sollte gewährleistet sein, dass Kurt Beck bei einer Kandidatur Steinmeiers sein Gesicht wahren könne. Nur wuchs während dieser Phase der Überlegungen und Beratungen der Druck auf die SPD immer weiter, und innerhalb der Gruppe um Steinmeier machte man sich zunehmend Sorgen, man könne eventuell den richtigen Zeitpunkt der Bekanntgabe verpassen.

Was vor diesem Hintergrund beziehungsweise dem gesamten Komplex der Entscheidung für eine Kandidatur immer auch zu berücksichtigen ist, ist der Umstand, dass Steinmeier all das nicht für sich selbst tat. Er ist anders als vielleicht ein Gerhard Schröder eben niemand, der sich nur um seiner selbst willen in den Vordergrund stellt. Vielmehr hat er damals mit sich gerungen, ob er diesen Weg wirklich gehen und selbst antreten oder doch anderen Parteigenossen den Vortritt lassen soll. Dass er dann tatsächlich entschied, er selbst wolle beziehungsweise müsse antreten, hat vor allem etwas mit der Situation zu tun, in der sich seine Partei im Jahr 2008 befand. Wie der *Spiegel* damals berichtete, begründete Steinmeier seinen Entschluss auch damit, der Erosionsprozess der Partei nehme von Tag zu Tag bedenklichere Formen an. Würde man mit der Entscheidung über einen Kandidaten beziehungsweise die Kandidatur noch länger warten, so habe er befürchtet, würde am Ende womöglich an der Parteispitze niemand mehr über die nötige Autorität für eine entsprechende Entscheidung verfügen. In der damaligen Situation hätte die Partei Führung und eine Person benötigt, die den aktuellen Abwärtstrend stoppen könne. Und Steinmeier wusste eben ganz objektiv, außer ihm würde kaum jemand die notwendige Führungsstärke aufbringen können, er war sich außerdem des Umstands bewusst, dass er in der Öffentlichkeit als der beliebteste Politiker unter den Sozialdemokraten galt – was im Vorfeld einer derart bedeutenden Wahl ein nicht zu unterschätzender Faktor ist.

Natürlich folgte auf die Entscheidung beziehungsweise deren Bekanntgabe das, was in so einem Fall immer zu erwarten ist – taktische Spielchen von der Gegenseite beziehungsweise dem damaligen Partner in der Großen Koalition. Bald schon wurde daher der frisch gekürte Kanzelkandidat gewarnt, er dürfe wegen seiner Kandidatur sein Amt als Außenminister nicht vernachlässigen, dürfe keinesfalls parteipolitische Interessen über die des Landes stellen.

Andere ließen es sich nicht nehmen zu betonen, eine Kandidatur Steinmeiers stärke nur die innere Zerrissenheit der Partei. Gerade er gelte schließlich als maßgeblicher Wegbereiter der viel geschmähten Agenda 2010, was ihm die Parteilinke sicher nicht verzeihen werde. Doch all das waren eben frühe Seitenhiebe, wie sie in der Politik nun einmal üblich sind, um einem Gegner den Wind aus den Segeln zu nehmen. Wichtiger ist letztlich, wie die Wähler auf die Kandidaten reagieren, wem sie auf dem Stimmzettel den Vorzug geben. Und vor diesem Hintergrund schien die Sache zum Zeitpunkt der Entscheidung für den Kandidaten Steinmeier eindeutig, wie der *Spiegel* schrieb: »Was die Popularität in der Bevölkerung betrifft, führt derzeit Kanzlerin und CDU-Chefin Angela Merkel vor Steinmeier. Einer letzten Umfrage für die ARD vor der Kandidatenentscheidung zufolge kommt sie derzeit auf 48 Prozent, wenn die Bürger den Kanzler direkt wählen könnten. Steinmeier schafft 32 Prozent.«[101]

Für den großen Abstand zwischen dem Kandidaten und der Kandidatin gibt es sicher eine ganze Reihe an Gründen. Zum einen war Angela Merkel die Kanzlerin und hatte als solche bei den Wählern naturgemäß einen gewissen Vertrauensvorschuss – man kannte sie, man kannte ihre Politik. Steinmeier dagegen war selbst im Jahr 2008 immer noch in gewissem Maße der Neue. Zwar konnte er als Außenminister seine Bekanntheit deutlich steigern, wurde zusehends beliebter bei den Wählern. Nur kannte und mochte man ihn eben als Außenminister. Ein Bundeskanzler Steinmeier aber, das war dann doch noch etwas anderes.

Hinzu kam etwas, dass im folgenden Wahlkampf durchaus noch ein Problem werden sollte. Anders als einst Gerhard Schröder war und ist Frank-Walter Steinmeier kein Politiker, der die Menschen mit der Kraft seines Auftretens mitreißen kann. Er ist auch kein »jovialer Schulterklopfer«, wie es Biograf Torben Lütjen im Vergleich mit Gerhard Schröder beschrieb.[102]

An all dem änderte die Tatsache wenig, dass der Redner Steinmeier immer ein wenig an besagten Schröder erinnert. Was er selbst der ähnlichen Herkunft aus der gleichen Region zuschreibt, was aber sicher auch daran liegt, dass Steinmeier für zahlreiche Reden Schröders mitverantwortlich zeichnete und sich über die Jahre an der Seite des Exkanzlers etwas von dessen Stil abschaute.

Nun kam es aber gerade in der Zeit von Steinmeiers Kandidatur nicht oder nicht vor allem auf die Persönlichkeit des Kandidaten an. Zwar kannte man in den Jahren 2008 und 2009 einen Begriff wie Flüchtlingskrise noch nicht, stattdessen war die Finanzkrise in aller Munde. Auf der ganzen Welt waren Banken und Unternehmen der Finanzbranche in Bedrängnis geraten, was wiederum bei vielen Unternehmen für Probleme sorgte. Mitarbeiter wurden entlassen, Menschen hatten Angst um ihr Erspartes.

Genau das machte der Kandidat Frank-Walter Steinmeier nun zu einem seiner wichtigsten Themen, als er ab Anfang 2009 wahlkämpfend auf Tour durch die Nation ging. Im Februar 2009 etwa meldete das *Handelsblatt*, der SPD-Kanzlerkandidat habe die Parole ausgegeben, noch im laufenden Jahr könne »das Finanzsystem wieder eingefangen« werden.[103] Man müsse zu einer Erneuerung des Systems kommen, damit niemand mehr den Eindruck habe, der Ehrliche sei am Ende der Dumme. Ob man aber einen Weg aus der Krise in eine sichere Zukunft finde, das hänge davon ab, wer bereit sei, an einem solchen Weg aus der Krise mitzuwirken. Wieder aber blieb Steinmeier während seines Wahlkampfs ein Politiker, der sich nicht in überzogene Ankündigungen verstieg. Es ist ja von Politikerseite bekannt, dass die gerade während der Wahlkämpfe gerne das sagen, von dem sie glauben, die Menschen würden es gerne hören – ohne dass die Politiker jedoch allzu viele Gedanken an die reale Umsetzbarkeit ihrer Ankündigungen verschwenden. Steuersenkungen sind in diesem Zusammenhang ein häufig genutztes Versprechen. Werde der Politiker gewählt, dann könne man in der kommenden Legislaturperiode geringere Steuersätze erwarten – was nach erfolgter Wahl natürlich in der einen oder anderen Form wieder relativiert wird. Und obwohl die Menschen so etwas im Grunde längst durchschauen müssten, vertrauen sie den Ankündigungen immer wieder, weil es schön wäre, würde es wider Erwarten wahr werden. Mit einem Kanzlerkandidaten Frank-Walter Steinmeier aber war so etwas nicht zu machen. Der sagte vielmehr, er könne, so Leid es ihm tue, keine Steuersenkungen zusagen. Wer Senkungen in Höhe vieler Milliarden Euro verspreche, der schade letztlich nur der Demokratie in Deutschland. Was sicher als höfliche Umschreibung der Formulierung zu verstehen ist, ein solches Versprechen sei nichts anderes als eine Lüge.

Nur musste Steinmeier am Ende erkennen, dass ein Wahlkampf kaum je mit der brutalen Wahrheit gewonnen wird. Wie der Kampf um die Regierungsmacht im Jahr 2009 ausging, wurde schon in einem der ersten Kapitel dieses Buchs ausführlich behandelt. Zur Erinnerung noch einmal eine kurze Zusammenfassung der Ergebnisse aus dem Bericht der Landeszentrale für politische Bildung Baden-Württemberg zu den Resultaten: »Das Ergebnis war ein Wahlabend der Superlative: Die Union verlor leicht und kam auf 33,8 Prozent. Das war das zweitschlechteste Ergebnis seit 1949. Der Grund waren die Verluste der CSU. Sie kam auf 41 Prozent der Stimmen (– 8 Prozent) und schnitt damit so schlecht ab wie noch nie bei einer Bundestagswahl seit mehr als 50 Jahren. Die FDP steigerte sich um 4,7 Prozent und kam mit 14,6 Prozent auf ihr bestes Ergebnis bei einer Bundestagswahl. Die SPD verlor erdrutschartig 11,2 Prozent und errichte mit 23 Prozent das schlechteste Wahlergebnis der Nachkriegsgeschichte. Sowohl die Grünen mit 10,7 als auch Die Linke mit 11,7 Prozent konnten zulegen. Beide erzielten ebenfalls ihre bisher besten Bundestagswahlergebnisse.«[104] Das bedeutete letztlich nichts anderes als ein Desaster für die SPD und vor allem für deren Spitzenkandidaten Steinmeier. Der traf dann am Wahlabend auf die in der traditionellen »Elefantenrunde« der öffentlich-rechtlichen Sender versammelten Spitzenkandidaten der im neuen Bundestag vertretenen Parteien und damit auch auf die neue und alte Bundeskanzlerin Angela Merkel, deren Vizekanzler er im nächsten Kabinett nicht mehr sein würde. Woran dieser Abend Zuschauer vor den Fernsehgeräten und auch die Journalisten erinnerte, das fasste die *Süddeutsche Zeitung* in ihrer Überschrift zum Thema äußerst treffend zusammen: »Die öffentliche Scheidung.« Merkel und ihr Nochstellvertreter Steinmeier hätten Trauerarbeit über ihre Trennung geleistet, Millionen TV-Zuschauer seien Zeugen geworden, wie beide ihre neuen Rollen gesucht hätten. Das Blatt kritisiert den neuen Oppositionsführer: »Der Mann schwadroniert permanent von ›alter Stärke‹ und ›neuer Kraft‹ und mag den Begriff ›geschlachtet‹ nicht akzeptieren; er besteht fast trotzig auf der ›Agenda 2010.«[105] Insgesamt ging es während der Runde deutlich unspektakulärer zu als noch im Jahr 2005, als der nunmehr Exkanzler Schröder seine Wahlniederlage zunächst gar nicht wahrhaben wollte. Zwar ging Steinmeier mal den siegestrunkenen FPD-Chef Guido Westerwelle in der Form an, er möge doch ein wenig den Triumph aus der Stimme nehmen. Insgesamt erinnerte der Abend die Journalisten jedoch ein wenig an eine Folge aus Ehen vor Gericht, in der sich die einstigen Partner Union und SPD nun therapeutisch mit den Folgen der gemeinsam verbrachten Jahre auseinandersetzten.

Die Folgen für Frank-Walter Steinmeier hätten im Grunde in einem Ende seiner politischen Karriere bestehen können. Schließlich war er es, der seiner Partei dieses grauenhafte Wahlergebnis beschert hatte, der schlechter abschnitt als jeder seiner Vorgänger. Man hätte ihn vonseiten der Sozialdemokraten also endgültig aus der öffentlichen Wahrnehmung verschwinden lassen können, um die Partei nur nicht mehr in Zusammenhang mit dem Bild eines Verlierers zu bringen. Doch genau das sollte nicht der Fall sein, viel zu wichtig war die Person Steinmeier inzwischen für die gebeutelte Partei geworden – der es zudem an Alternativen mangelte.

Steinmeier sprach daher zwar einerseits von einem enttäuschenden Ergebnis der Wahl und von einem bitteren Tag für die Sozialdemokratie, einem Tag, an dem es gar nichts bringe, um die Niederlage herumzureden. Fast zeitgleich aber kündigte er an, er wolle nun Vorsitzender der SPD-Fraktion im Bundestag werden

und als Oppositionsführer seinen Beitrag leisten, die SPD zurück
zu alter Stärke zu führen. Kein Wort also davon, sich angesichts
des miserablen Wahlergebnisses zurückzuziehen. Der Mann, der
erst kurz zuvor aus dem Hintergrund in die erste Reihe getreten war, wollte nicht wieder zurück – und überraschenderweise
wollten genau das nach der verlorenen Wahl seine Parteigenossen ebenfalls nicht.

Denn als Steinmeier noch am Abend seiner bitteren Niederlage die Anhänger der Partei über seine Pläne in Kenntnis setzte,
schlug ihm wider Erwarten keine Ablehnung entgegen, wie Medien berichteten. Er wurde nicht ausgebuht oder gar zum Rückzug aus der Politik aufgefordert. Das Gegenteil war der Fall. Wie
die Welt schrieb, reagierten die SPD-Anhänger vielmehr mit Begeisterung. Vor den Parteigenossen räumte Steinmeier an jenem
Abend noch einmal seine Niederlage ein, betonte aber gleichsam,
die SPD wolle zwar nun eine starke Opposition sein, könne aber
nicht ohne weiteres zur Tagesordnung zurückkehren. Steinmeier
versicherte, er wolle nun die SPD in ihrer derzeitigen Situation
unterstützen und Verantwortung dafür tragen, die SPD als Opposition wieder attraktiver zu machen. »Ich habe Verantwortung
getragen als Spitzenkandidat. Ich habe sie gern getragen, weil ich
stolz bin auf diese SPD und ihre Geschichte«, sagte Steinmeier
in der *Welt*.[106]

Eine Spende
als Gewinn

Das Jahr nach der verlorenen Bundestagswahl sollte für Frank-Walter Steinmeier jedoch nicht vorrangig von intensiver Oppositionsarbeit geprägt sein, vielmehr trat unerwartet ein völlig anderes Thema in den Vordergrund. Öffentlich wurde es im August 2010. An einem Montag in jenem August hatte Steinmeier zu einer Pressekonferenz geladen – ohne dass den Journalisten jedoch vor Beginn das Thema mitgeteilt wurde. So etwas, schrieb die *Süddeutsche Zeitung*, lasse bei den Berichterstattern immer die Alarmglocken klingeln. Könne es sich doch um die Ankündigung eines Rücktritts handeln. In diesem Fall richtete die SPD-Fraktion auf Nachfrage allerdings aus, um einen Rücktritt gehe es nicht bei der Pressekonferenz, nichtsdestotrotz handele es sich um ein sehr wichtiges Thema.[107]

Worum es genau ging, wurde klar, als Frank-Walter Steinmeier schließlich die Fakten darlegte. Er werde sich für einige Wochen von der politischen Bühne zurückziehen, erklärte er. Grund dafür sei seine Ehefrau Elke Büdenbender, die schwer an der Niere erkrankt wäre. So schwer, dass es keine andere Alternative als eine Organtransplantation gäbe. Wer das Organ spenden wolle, sei klar: Er selbst würde es sein.

Nun hat das Thema Organspende in Steinmeiers Leben schon lange einen ganz besonderen Stellenwert eingenommen. Wie in einem früheren Kapitel bereits beschrieben, konnte das Augenlicht des Politikers in jungen Jahren nur durch eine Hornhauttransplantation gerettet werden. Eine Transplantation, die wiederum nur durch eine Organspende möglich wurde. In einem Interview erklärte Steinmeier in diesem Zusammenhang, er trage seit der Transplantation in den Achtzigerjahren einen Organspenderausweis bei sich.[108]

In besagtem Interview aber sprach Steinmeier nicht nur über zurückliegende Fakten, er berichtete auch, was nun zur Notwenigkeit der Spende an seine Frau geführt hatte. Er und seine Ehefrau hätten gar nicht gewusst, dass diese schon seit längerer Zeit chronisch nierenkrank war. Diese Erkrankung beziehungsweise deren Auswirkungen hätten sich jedoch mit der Geburt des gemeinsamen Kindes im Jahr 1996 zugespitzt. Die Folgen seien tatsächlich dramatisch gewesen. So sehr, dass unmittelbar im Anschluss an die Geburt der Tochter eine Dialyse durchgeführt werden musste. Eine Art künstlicher Blutwäsche also, die bei einem Nierenversagen zum Einsatz kommt.

Elke Büdenbender sei damit ein Schicksal vorherbestimmt gewesen, das aus regelmäßiger Dialyse bestehen und letztlich auf das Warten auf ein passendes Spenderorgan von einer Warteliste geprägt sein würde. Vor diesem Hintergrund sei zu entscheiden gewesen, welchen Weg man gehen wolle. Diese Entscheidung sei für ihn, so Steinmeier, am Ende gar nicht so groß gewesen. Für seine Frau habe es jedoch eine ungleich größere Überwindung dargestellt, die Organspende ihres Mannes zuzulassen und letztlich anzunehmen. Er selbst sei am Ende einerseits glücklich gewesen, dass man sich gemeinsam entschieden habe, diesen

Weg zu gehen, noch glücklicher sei er aber gewesen, als man die Nachricht erhalten habe, die Spenderniere würde tatsächlich passen. Man habe dann zunächst einmal zahlreiche Testreihen parallel absolviert, am Vorabend der eigentlichen Transplantation sei man schließlich gemeinsam in die Berliner Klinik Charité gefahren. Am nächsten Tag sei zunächst ihm eine Niere entnommen worden, die dann wenig später seiner Frau implantiert wurde.

Die Folgen der Spende könne man laut Steinmeier im Grunde nur bewerten, wenn man in dem Zusammenhang die Ängste berücksichtige, mit denen sich seine Frau über Jahre auseinanderzusetzen hatte. Daran gemessen stelle die Situation nach dem Eingriff in den Worten seiner Frau schon so etwas wie neugeborenes Leben dar. Er fühle sich außerdem vollkommen gesund, spüre keinerlei Einschränkungen und müsse keinerlei Medikamente zu sich nehmen.

Zurückblickend auf die letzte Phase vor der Transplantation erklärte Steinmeier, es sei ihm bewusst gewesen, er könne den Weg nicht gehen, ohne die Öffentlichkeit beziehungsweise die Medien darüber in Kenntnis zu setzen. Er habe sich aber vor allem darüber gefreut, dass die Medien sich mit seiner eher knappen Erklärung zufrieden gaben und dann auch akzeptierten, er würde sich in der Folge für rund zwei Monate aus der Öffentlichkeit zurückziehen.

Gänzlich ohne auf die Tränendrüse zu drücken ließen manche Medien die Angelegenheit dann aber doch nicht an sich vorüberziehen. Zur Zeit der Transplantation wurde vielmehr immer wieder von dem geteilten Leid des Ehepaars gesprochen, von einem Liebesbeweis Steinmeiers gegenüber seiner Frau.

Im Jahr 2014 kam genau das im Rahmen einer kurzen Reportage zur Sprache, für die Moderator Cherno Jobatey den Politiker in Brandenburg besuchte und interviewte. Während dieses Gesprächs sagte Steinmeier, er vermeide es, im Zusammenhang mit der erfolgten Transplantation von Liebe zu sprechen. Denjenigen, die vor dem Hintergrund der Ereignisse aus dem Jahr 2010 von einem großartigen Geschenk an sein Frau sprächen, würde er entgegnen, sein Handeln sei weder heldenhaft gewesen noch habe es sich um ein Geschenk an seine Frau gehandelt. Wenn überhaupt, dann handele es sich um ein Geschenk an beide Ehepartner. Denn so habe man nun eine gemeinsame Zeit, die beiden möglicherweise ohne die Transplantation nicht vergönnt gewesen wäre.

Liebe, so Steinmeier, bedeute auch, gemeinsam durch Krisen und Niederlagen zu gehen. Dass man in jenen Situationen Verständnis zeige, in denen der jeweils andere vielleicht mehr mit sich selbst beschäftigt ist. Genau das hätten er und seine Frau über die Jahre ganz gut hinbekommen, schloss Steinmeier seine Ausführungen zu dem Thema.

Elke Büdenbender nahm nach der Transplantation ihre Arbeit als Richterin wieder auf und wurde weiterhin ihrem Ruf gerecht, eine ebenso eigenständige wie selbstbewusste Person zu sein. Den geglückten Eingriff soll das Paar jedes Jahr wieder feiern, wie es heißt. Noch im Jahr 2015 wurde Steinmeier mit den Worten zitiert, beide seien froh, 2010 die Entscheidung so getroffen zu haben. Andernfalls hätte womöglich nicht nur Frank-Walter Steinmeier den Verlust einer Frau zu beklagen gehabt, die der ehemalige Bundeskanzler Gerhard Schröder einmal voller Bewunderung und ohne jede Ironie so beschrieben hat: »Klasse Frau, selbstbewusst, intelligent, einfach toll.«[109]

... aber mir
fehlt nichts

»Ich bin nicht mehr ganz vollständig, aber mir fehlt nichts.« Diesen Satz hat Frank-Walter Steinmeier in den Jahren seit seiner Organspende immer wieder gesagt. Ein Satz, der einerseits das Thema an sich etwas herunterspielen sollte, andererseits aber wohl auch transportieren, er sei gesundheitlich keinesfalls durch den Verlust einer Niere geschädigt. Doch so spurlos, wie es diese Aussage erscheinen lassen soll, ist die Organspende letztlich doch nicht an Steinmeier vorübergegangen – weder an dem Menschen noch an dem Politiker.

So äußerte Steinmeier besagten Satz auch in einem Interview mit dem *Deutschen Ärzteblatt* im Jahr 2011.[110] Thema des Interviews waren Vorbereitungen zur Änderung des Transplantationsgesetzes, einer der Initiatoren dieses Vorhabens war eben der SPD-Politiker. Der wurde nun darauf angesprochen, er selbst setze sich seit Kurzem für eine neue gesetzliche Regelung der Organspende ein – ob eventuell die »Welle der Aufmerksamkeit« nach seiner eigenen Organspende damit in Zusammenhang stehe? Steinmeier antwortete, es wäre sicherlich unehrlich zu behaupten, beides hätte nichts miteinander zu tun. Zwar sei er bereits seit rund 20 Jahren mit dem Thema befasst, kümmere sich unter anderem um organtransplantierte Kinder. Dennoch sei er von der öffentlichen Reaktion auf seine private Situation im Vorjahr überrascht und nicht zuletzt überwältigt gewesen. Vor diesem Hintergrund sei es aus seiner Sicht unverantwortlich gewesen, hätte er nicht den Versuch unternommen, an den rechtlichen Rahmenbedingungen der Organspende etwas zu ändern. Dabei habe das Thema dann eine ganz eigene Dynamik entwickelt, sodass niemand mehr sage, man könne alles beim Alten lassen.

Zum Ende des Interviews gab Frank-Walter Steinmeier dann auch den eingangs erwähnten Satz von sich und bot zudem Einblicke in seine damalige private beziehungsweise familiäre Situation: »Ich bin nicht mehr ganz vollständig, aber mir fehlt nichts. Im Ernst: Die Beeinträchtigung durch die Operation selbst war von kurzer Dauer, aber natürlich war nach dem Eingriff über Wochen die Veränderung jeden Tag Gesprächsthema in der Familie.« [111] Der Genesungsprozess sei für ihn und seine Frau überraschend schnell verlaufen, und der Wiedereinstieg in die Arbeit habe eine wohltuende Normalisierung zur Folge gehabt. Dennoch hoffe er, einen Teil der Nachdenklichkeit, die durch Ereignisse des vergangenen Jahres ausgelöst worden seien, in den politischen Alltag hinüberretten zu können.« Wie sehr er allerdings die Nachdenklichkeit in den politischen Alltag transportieren würde, das ahnte Steinmeier zu diesem Zeitpunkt noch nicht.

Denn bald darauf sah es ganz so aus, als würde das politische Geschäft wieder in der gewohnten Form aus der Zeit vor der Organtransplantation weitergeführt werden. Wieder traf das politische Grundprinzip zu, dass nach der Wahl immer auch vor der Wahl ist. Die Bundestagswahl des Jahres 2009 hatte die SPD und vor allem Steinmeier verloren, doch der Termin der nächsten Wahl rückte von Tag zu Tag näher. Was natürlich auch zu der Frage führte, mit welchem Spitzenkandidaten die Sozialdemokraten denn nun antreten wollten.

Genau das war noch nicht geklärt, als im Dezember 2011 der SPD-Parteitag anstand. Zu diesem Zeitpunkt hatte man sich noch nicht auf einen Kandidaten festgelegt, vielmehr waren inoffiziell gleich drei Namen im Rennen: der damalige Parteichef Sigmar Gabriel, Exfinanzminister Peer Steinbrück und dann eben noch Frank-Walter Steinmeier. Diese drei bekamen es allerdings gerade während des besagten Parteitags mit einem unerwarteten Problem zu tun. Denn dort trat eine Person ans Rednerpult, die eigentlich schon längst Vergangenheit war: der zu dieser Zeit bereits 92-jährige ehemalige Bundeskanzler Helmut Schmidt. Zu sagen, Schmidt sei an das Rednerpult getreten, ist natürlich letztlich nur eine Floskel. Tatsächlich saß der körperlich gebrechliche Altpolitiker in seinem Rollstuhl auf der Bühne, was jedoch nichts an der Eindringlichkeit seiner rund einstündigen Rede änderte. Denn als die beendet war, sei im Grunde auch die große Frage des Tages bereits geklärt gewesen, wie der *Spiegel* in einem Bericht zum Parteitag schrieb.[112] Nämlich die, wer denn bei der nächsten Bundestagswahl als Kandidat der Sozialdemokraten antreten würde: Der Schmidt solle es machen, sei die einhellige Meinung gewesen. Was natürlich nicht ernst gemeint war, auf der anderen Seite aber deutlich zeigte, in welchem Dilemma sich die Partei befand. Denn eigentlich hätten sich die Mitglieder beziehungsweise die Anwesenden einen Mann wie Schmidt gewünscht, wenn möglich natürlich eine einige Jahrzehnte jüngere Version des legendären Politikers. In der Realität allerdings hatte man eben die Kandidaten Gabriel, Steinbrück und Steinmeier, die im Rahmen ihrer eigenen Reden nun aus dem Schatten ihres berühmten Vorredners heraustreten mussten. Das wurde gerade für Sigmar Gabriel und Frank-Walter Steinmeier nun besonders schwer, da sich besagter Helmut Schmidt bereits eindeutig positioniert hatte: Er schlug sich in der Kanzlerfrage auf die Seite von Peer Steinbrück und sorgte mit dieser Aussage bei manchem durchaus für Überraschung.

Der erste Vertreter der drei Kandidaten, die nun ans Rednerpult traten, war Steinmeier, der einerseits mit seinen Worten gegen die beim Publikum noch sehr wache Erinnerung an die Rede Schmidts und dessen eindeutige Aussage in Sachen Steinbrück zu kämpfen hatte. Und dann gab es noch eine Schwierigkeit: Steinmeier wollte über ein wichtiges Thema reden – die Krise Europas –, nur hatte zuvor eben Schmidt zu genau diesem Thema referiert. Der *Spiegel* fasste die Situation dann so zusammen: »Das alles wäre an sich nicht weiter tragisch – wenn es für Steinmeier nicht auch ein bisschen darum gehen würde, im inoffiziellen Schaulaufen der drei möglichen SPD-Kanzlerkandidaten zu glänzen. Da ist ein alles überstrahlender Auftritt des Altkanzlers natürlich wenig hilfreich. Alle Nachredner wirken winzig. Selbst wenn sie selbst schon mal fast Kanzler waren.«[113] Nichtsdestotrotz lieferte Steinmeier nach dem Urteil der Zuhörer eine seiner gelungeneren Reden ab, erntete Beifall und Zustimmung. Nur wären sowohl der Beifall als auch die Zustimmung womöglich noch eine Spur deutlicher ausgefallen, hätte es zuvor nicht die Rede Schmidts gegeben.

In den Monaten danach allerdings verblasste die Erinnerung an den Auftritt des Altkanzlers, und Frank-Walter Steinmeier trat wieder deutlicher in den Vordergrund. Zwar war Mitte des Jahres 2012 in Sachen Kanzlerkandidat bei den Sozialdemokraten immer noch nichts offiziell, hinter vorgehaltener Hand jedoch raunte man sich zu, es wäre intern längst alles geklärt. Gabriel und Steinbrück seien aus dem Rennen, Frank-Walter Steinmeier würde erneut bei der Bundestagswahl als Kanzlerkandidat antreten. Oder wie es der Nachrichtensender n-tv in einem Artikel zum Thema aus dem August 2012 formulierte: »Der Kanzlerkandidat der SPD steht längst fest, nur darf noch niemand darüber sprechen.«[114] Auch über die Konkurrenz der anderen Kandidaten wurde geschrieben: So sei das Rennen offiziell zwar weiterhin offen, tatsächlich sei aber Sigmar Gabriel inzwischen aus dem Rennen, nicht zuletzt aus dem Grund, dass die SPD-Anhänger ihn ablehnen würden. Und diese Ablehnung war zu jener Zeit überaus deutlich, wie n-tv berichtete. Demnach habe es 2012 eine Umfrage des Meinungsforschungsinstituts Forsa gegeben, nach der Angela Merkel gegen Gabriel selbst dann gewinnen würde, wenn nur Sozialdemokraten als Wähler zugelassen würden. In einem solchen Duell hätten sich 46 Prozent der Wähler für Merkel und nur 34 Prozent für Gabriel entschieden. Was eine Kandidatur Gabriels mit dem Begriff aussichtslos vermutlich am treffendsten beschreiben würde. Für Peer Steinbrück sei die Lage kaum besser. Zwar habe Helmut Schmidt sein Votum für ihn noch mehrmals wiederholt, doch in der Partei stießen diese Aussagen auf wenig Gegenliebe. Steinbrück kam mit seinem Image als unbeugsamer Charakter zwar bei vielen Wählern gut an, innerhalb der Partei war genau das zu jener Zeit allerdings nicht der Fall.

Steinmeier dagegen erhalte gerade in der Partei immer mehr Unterstützung. Inzwischen hätte man ihm dort seine Mitwirkung an der Agenda 2010 verziehen, außerdem sei Steinmeier innerhalb der Partei sehr gut vernetzt. Trotz allem sei Frank-Walter Steinmeier jedoch im Jahr 2012 nur so etwas wie eine zweite Wahl gewesen. Zwar konnte er Sigmar Gabriel und Peer Steinbrück übertrumpfen, doch es gab immer noch eine Person, die deutlich beliebter war als er. Ihr Name lautete Hannelore Kraft, seit dem Jahr 2010 Ministerpräsidentin von Nordrhein-Westfalen. Der traute man laut Umfragen zu, sie könne selbst Angela Merkel schlagen. Doch mit dieser möglichen Kandidatin gab es ein ganz anderes Problem: Sie würde nämlich gar nicht kandidieren, da die frisch gewählte Ministerpräsidentin ihr Bundesland nicht in Richtung Bundeshauptstadt verlassen wolle. Letztlich also sprach dann doch wieder alles für den Kanzlerkandidaten Frank-Walter Steinmeier.

Inzwischen weiß man, dass er bei der Bundestagswahl 2013 nicht ein zweites Mal als Spitzenkandidat seiner Partei antrat. Am 1. Oktober 2012 machte die Nachricht die Runde, der SPD-Vorstand hätte sich nach langem Gerangel nun tatsächlich auf einen Kandidaten geeinigt, und dieser sei Peer Steinbrück. Der sei zu diesem Zeitpunkt auch der letzte verbliebene und damit einzige Kandidat der Partei gewesen, da sowohl Sigmar Gabriel als auch Frank-Walter Steinmeier nicht als Spitzenkandidaten antreten wollten, wie es hieß.

Was daraus wurde, wird den meisten Menschen noch im Gedächtnis sein. Trotzdem hier eine kurze Zusammenfassung des Ergebnisses der Bundestagswahl von 2013: Die Union konnte deutlich Stimmen gewinnen – sie legte um 7,7 auf 41,5 Prozent zu. Der Spitzenkandidat Steinbrück allerdings verhalf der SPD zu nicht so großen Sprüngen. Das desaströse Ergebnis der vorherigen Wahl konnte nur um 2,7 Prozent übertroffen werden, die SPD kam insgesamt auf 25,7 Prozent der Stimmen. Die FDP als bisherigen Koalitionspartner der Union traf es besonders hart, sie war erstmals seit Gründung der Bundesrepublik nicht mehr im Bundestag vertreten. In der Folge kam es zu einer großen Koalition aus CDU/CSU und SPD. Deren Spitzenkandidat Peer Steinbrück hatte schon zuvor die Übernahme eines Ministerpostens für sich ausgeschlossen. In der Folge seiner Wahlniederlage kündigte er seinen Rückzug aus der SPD-Spitze an.

Bei all dem aber bleibt letztlich die eine Frage: Was war in der Zwischenzeit eigentlich mit Frank-Walter Steinmeier geschehen? Sah es zunächst noch so aus, sowohl er als auch seine Partei hätten die bittere Wahlniederlage von 2009 abgeschüttelt und würden es noch einmal versuchen, war das Thema Steinmeier dann ganz plötzlich keines mehr. Jedenfalls für die Öffentlichkeit und Außenstehende. Tatsächlich aber handelte es sich letztlich wohl nicht um ein plötzliches Umdenken, sondern um die Folge einer längerfristigen Entwicklung, bei der eben vor allem die Organtransplantation aus dem Jahr 2010 eine beträchtliche Rolle spielte.

Was sich wirklich hinter dem Verzicht auf die Kanzlerkandidatur verbarg, darüber sprach Frank-Walter Steinmeier im Oktober 2012 im Rahmen eines Interviews mit der *Bild am Sonntag*, das in der Folge von zahlreichen weiteren Medien aufgegriffen wurde. Demnach hatte der SPD-Fraktionschef aus Rücksicht auf seine erkrankte Ehefrau Elke Büdenbender auf die Kandidatur verzichtet, da er nun verstärkt an der »Familienfront« gefordert sei.[115] Die vergangenen zwei Jahre seit der erfolgreichen Transplantation hätten gezeigt, dass im Grunde alles gut verlaufen sei, trotzdem gebe es immer wieder einige Tage, an denen er daheim etwas mehr gebraucht werde. Und die Freiheit, genau das dann zu tun, die habe er sich bewahren wollen. Der Verzicht auf die Kandidatur sei daher eine notwendige Konsequenz gewesen. Schließlich ist es ja auch so, dass eine Kandidatur nicht einfach nur die Kür einer Person ist, diese Person hat im Vorfeld der Bundestagswahl einen umfangreichen, zeitaufwändigen und meist auszehrenden Wahlkampf zu absolvieren. Ihm sei daher klar gewesen, was so ein Wahlkampf für ihn und seine Familie bedeuten würde. Er hätte im Grunde an 365 Tagen im Jahr auf doppelter Drehzahl laufen müssen. Also genau das, was er schon im Jahr 2009 auf sich genommen hatte. In den vergangenen zwei Jahren seien in seinem Privatleben aber einschneidende Dinge geschehen. Das habe dann die Gewichte noch einmal verschoben und letztlich zu der getroffenen Entscheidung geführt.[116]

Vor allem aber zeigte Steinmeier sich erfreut darüber, dass er und seine Frau nach der Transplantation zu einem glücklichen Zusammenleben zurückgefunden hätten. Gemeinsam sei man durch einen langen Tunnel gegangen, habe nun wieder eine Perspektive für hoffentlich viele glückliche Jahre. Das sei ein großes Geschenk, das er auch so empfinde – weswegen er beschlossen habe, nicht gleichzeitig politisch alles auszureizen.

Gegensätze

Wie Frank-Walter Steinmeier Familienleben und Politik zu vereinen gedachte, dafür steht ein neuer Lebensabschnitt, der mit dem Jahr 2013 begann. Jenem Jahr also, in dem er nicht erneut als Kanzlerkandidat seiner Partei antrat, trotzdem aber den Weg zurück auf die große politische Bühne fand, ohne dabei das Private aus dem Blick zu verlieren. In diesem Jahr wurde Steinmeier auch in der Öffentlichkeit aus unterschiedlichen Blickwinkeln wahrgenommen, wofür unter anderem verschiedene Interviews und Medienberichte stehen, die jeweils einen unterschiedlichen Steinmeier zeigten.

Eines dieser Interviews veröffentlichte der Berliner *Tagesspiegel* unter der Überschrift »Zehlendorf ist unsere Heimat geworden«.[117] Es handelt sich dabei um eines der bis dahin doch sehr wenigen Gespräche, in denen Frank-Walter Steinmeier ausschließlich seine private Seite zeigte. Worum es ging, das machte schon der Titel deutlich: um den Berliner Ortsteil Zehlendorf, in dem die Familie Steinmeier seit ihrem Umzug nach Berlin eine neue Bleibe gefunden hatte. Zehlendorf gehört traditionell zu den wohlhabenderen Gebieten der Metropole Berlin, in dem heute knapp 60 000 Menschen leben.

Steinmeier sprach unter anderem über die Bedeutung des Begriffs Zuhause für ihn – einem Zuhause eben, wie es Zehlendorf inzwischen für die Familie geworden war. Seine Antwort auf die Frage, welche Rolle für ihn der Begriff Zuhause denn spiele, lautete auch mit Rückblick auf frühere Zeiten in seinem Leben: Denn für Steinmeier waren die Familie und seine Heimat Hannover schon immer von großer Bedeutung. Demnach beschreibt er die Zeit während des Umzugs der Bundesregierung von Bonn nach Berlin als turbulent und schwierig. »Das war furchtbar. Da war überhaupt kein Mittelpunkt mehr, keine Heimat und kein Ruheort.«[118] Daneben gab Steinmeier Informationen über seinen Bekannten- und Freundeskreis preis, den er in dieser neuen Heimat vergrößern konnte. So sprach ihn der Interviewer auf eine Aussage des bekannten Kameramanns Michael Ballhaus an, der in den USA mit Regiegrößen wie Martin Scorsese oder Francis Ford Coppola gedreht hat. Ballhaus lebte ebenfalls in Zehlendorf und bezeichnete den Ortsteil als eine Stätte, an der er immer abschalten könne, wenn er dort ankomme. Steinmeier berichtete, er sei mit Michael Ballhaus befreundet und habe sich über besagtes Thema auch bereits mit ihm unterhalten. Er selbst könne die Aussage Ballhaus' sehr gut nachvollziehen, der Ortsteil habe grundsätzlich einfach ein ganz anders Tempo als die pulsierende Großstadt an sich.

Steinmeier berichtete zudem über die Verbindungen, die er zu Zehlendorf inzwischen aufgebaut hatte. Die Familie lebte zum Zeitpunkt des Interviews bereits 13 Jahre dort. Er erinnere sich daher auch daran, dass seine 1996 geborene Tochter in Zehlendorf in die Kita gegangen sei, später dann »in Zehlendorf Mitte neben der Friedenseiche eingeschult« worden war.

Steinmeier sprach auch von dem unkomplizierten Leben, das ihm gerade Zehlendorf biete. Denn dass der Ortsteil zu den wohlhabenderen der Stadt zähle, hänge nicht zuletzt mit einer vergleichsweise großen Dichte prominenter Bewohner zusammen, dort lebten neben Politikern etwa bekannte Schauspieler. Das wiederum habe zur Folge, dass es dort eben kaum zu einem offensiven »Promigucken« komme, sich Prominente wie er dort angenehm ungezwungen bewegen könnten.

Fast am Rande berichtet Steinmeier dann noch über Tagesabläufe beziehungsweise eine Art Ritual, das er und andere Prominente gemeinsam hätten. Denn weder die noch er scheinen zu der Sorte Mensch zu zählen, die man als Langschläfer bezeichnen könne. Man treffe sich vielmehr zufällig immer wieder am Sonntagmorgen zwischen 8 und 9 Uhr »zum Beispiel am Teltower Damm vor dem Bäcker Wiedemann oder der Bio-Company, die haben nämlich beide um diese Uhrzeit auch am Sonntag geöffnet«.[119]

Und dann erzählte er noch von den Örtlichkeiten, die er mit Zehlendorf verbindet und besonders schätzt. So mag der Politiker einerseits die Dorfkirche und erinnert sich außerdem an die Ausflüge mit seiner Tochter, bei denen es über eine S-Bahn-Brücke in den Schönower Park bis hinunter an einen Teich gegangen sei, wo man dann die Enten gefüttert habe.

Doch so privat die Auskünfte in diesem Gespräch waren, am Ende ging es dann doch wieder um Politik. Zwar nicht um die ganz große Weltpolitik, dafür aber umso mehr um Lokalpolitik beziehungsweise die Frage, warum in Zehlendorf schwarz-grün, also CDU und Grüne, gewählt würde und wie die SPD eventuell diese bürgerlich-ökologische Wählerschaft für sich gewinnen könne. Frank-Walter Steinmeier antwortete darauf in der Form, dass es der Anspruch der SPD sein sollte, diese Klientel für sich zu gewinnen und von unserer Politik zu überzeugen. Für ihn persönlich habe sich die Frage des Wahlkreises allerdings nicht gestellt. Als er sich entschieden habe, einen Bundestagswahlkreis anzustreben, sei es Matthias Platzeck gewesen, der dafür geworben habe, dass er nach Brandenburg komme. Die beiden Politiker sind eng miteinander befreundet, und deshalb habe er bereits seit Langem auch eine Beziehung zum Brandenburger Umland und nicht nur zu Berlin.[120] Das Interview schloss mit der Frage, ob ein Leben ohne Politik in Zehlendorf für Steinmeier denkbar wäre. Seine Antwort lautete, er könne sich ein Leben ohne Politik derzeit nicht vorstellen – weder in Zehlendorf noch anderswo.

Was dann auch einen Brückenschlag zur anderen Seite im Leben des Familienvaters und Ehemanns bildete. Fast zeitgleich nämlich hatte er wieder die ganz große politische Bühne betreten. Denn nachdem Steinmeier mit der verlorenen Bundestagswahl im Oktober 2009 aus dem Amt des Außenministers entlassen worden war, wurde nun im Dezember 2013 bekannt, er würde im dritten Kabinett der Merkel-Regierung in genau dieses Amt zurückkehren. Hatte er zuvor FDP-Mann Guido Westerwelle das Amt überlassen müssen, gab genau der es nun wieder in seine Hände zurück. Dieser Amtsübergabe widmeten sich die Medien ebenfalls sehr ausführlich und verdeutlichten dabei, wie sich der alte und nun wieder neue Außenminister von seinem Amtsvorgänger unterschied. Die *Süddeutsche Zeitung* etwa überschrieb einen Artikel zum Thema mit dem Worten: »Westerwelle ist gerührt, Steinmeier macht Außenpolitik.«[121] An diesem Tag ging es politisch wie menschlich um zwei völlig unterschiedliche Themen. Da war auf der einen Seite Guido Westerwelle, der sich im sogenannten Weltsaal des Auswärtige Amts von den Mitarbeitern verabschiedete. Und zwar in einer Form, die ihm sicher nicht leichtgefallen ist. Westerwelle, so schrieb die Zeitung, habe einerseits lange gebraucht, bis er den Eindruck vermitteln konnte, er habe Außenpolitik verstanden. Doch nun werde er anders als sein inzwischen legendäres Vorbild Hans-Dietrich Genscher nicht als Außenminister in die Geschichte eingehen. Man werde ihn vielmehr als jene Person in Erinnerung behalten, die der FDP bei der Wahl im Jahr 2009 zu ihrem größten Sieg verholfen, sie dann vier Jahre später aber in den tiefsten Abgrund geführt habe. Denn wie schon erwähnt zog die FDP 2013 erstmals überhaupt nicht mehr in den Bundestag ein. Westerwelle verlöre mit der Amtsübergabe also nicht nur seinen Status als Außenminister, er würde gleichsam kein Bundestagsabgeordneter seiner Partei mehr sein können, weil es diese Partei eben in diesem Bundestag nicht mehr gab. Was dann an jenem Tag zu einer recht emotionalen Rede führte, wie die *Süddeutsche Zeitung* schrieb. »Westerwelle spricht am Tage seines endgültigen Abschieds aus der Politik vor allem über sich. Und seine Gefühle. Das Amt und seine Mitarbeiter seien ihm ›ganz besonders ans Herz gewachsen‹. Er bedankt sich für den, aus seiner Sicht, ›warmen Applaus‹. Der habe ihm gutgetan.«[122] Gleich mehrfach habe der scheidende Amtsinhaber die Mitarbeiter des Hauses gelobt, sie als die besten Mitarbeiter der Bundesregierung hervorgehoben. Ein Thema allerdings habe bei der Abschiedsrede des Außenministers eher wenig Raum eingenommen: die Außenpolitik. Zwar habe Westerwelle kurz das Thema Europa angeschnitten, ansonsten aber vor allem in dankbaren Erinnerungen geschwelgt. Das jedoch umso ausführlicher. Laut Plan habe Frank-Walter Steinmeier an jenem Tag ab 15 Uhr 45 seine Begrüßungsrede halten sollen, doch es sei schon 16 Uhr gewesen, als sich Guido Westerwelle dann langsam vom Podium lösen konnte.

Als Steinmeier schließlich begann, wurde schnell deutlich, wie unterschiedlich die beiden Politiker waren. Steinmeier erging

sich nicht in Rührung über seine Rückkehr in das Amt des Au-
ßenministers, es ging ihm vor allem um die Politik, die Außenpo-
litik. Dabei allerdings hatte er sich die eine oder andere Spitze zu
Westerwelles Amtszeit nicht sparen können. So waren in jenem
Dezember die Erinnerungen an den Militärputsch in Ägypten im
Juli des Jahres sowie die Kundgebungen auf dem Tahrir-Platz in
Kairo noch frisch. In dem Zusammenhang waren ebenfalls die
Bilder eines Guido Westerwelle auf eben diesem Platz noch präsent. Daher werteten es die Autoren der *Süddeutschen Zeitung*
als eine versteckte Spitze Steinmeiers, wenn dieser darauf hin-
wies, die Kameras auf dem Tahrir-Platz seien inzwischen abge-
baut. Steinmeier wolle nun jene Kräfte stützen, die sich für Freiheit, Demokratie und Rechtsstaatlichkeit einsetzten, und zwar
nicht nur mit Worten und klugen Ratschlägen. Demokratie dürfe
in Ägypten keinen Beigeschmack von Hunger und Chaos bekommen, daher müsse Europa dafür sorgen, dass die wirtschaftlichen
Verbindungen nicht völlig abrissen.

Die Autoren des Artikels registrierten noch weitere Seitenhiebe auf Westerwelles Amtszeit – oder meinten sie aus den Worten
herauslesen zu können. Dabei sei es vor allem um einen medien-
wirksamen Auftritt Westerwelles an der Seite ukrainischer Oppo-
sitioneller gegangen.

Es sei einerseits empörend, wie die russische Politik die wirtschaftliche Notlage in der Ukraine für sich nutze, auch die Ge-
walt ukrainischer Sicherheitskräfte gegenüber Oppositionellen
sei empörend. Gleichzeitig aber riet Steinmeier in diesem Zusammenhang gerade den Europäern, sich durchaus einmal an die
eigene Nase zu fassen. Denn womöglich habe man die Zerrissenheit in der Ukraine unterschätzt, möglicherweise seien Menschen und Politik in dem Land überfordert, wenn es darum gehe,

sich zwischen Europa und Russland entscheiden zu müssen. Das alles waren nach Auffassung der Autoren Fragen, die sich Außenminister Westerwelle nicht erkennbar gestellt habe. Steinmeier sagte, er habe ja nichts gegen eine klare Sprache und wortstarke Statements, allerdings müssten diese auf einer klaren und gründlichen Analyse beruhen. Ob all diese Aussagen tatsächlich, wie von der *Süddeutschen* vermutet, mehr oder minder direkt an und gegen Westerwelle gerichtet waren, das weiß letztlich nur Frank-Walter Steinmeier selbst. Wichtig war vor allem der Umstand, dass Steinmeier wieder zurück war in der großen Politik, der Weltpolitik. Und die wollte er in einer Form bestreiten, die im Grunde einen Gegenentwurf zur Ära Westerwelle darstellte. Man müsse genau hinsehen, die Gründe und die Entwicklung von Konflikten nachverfolgen.

Das Fazit der *Süddeutschen Zeitung* zur Rückkehr des Außenministers Steinmeier und dem Abschied seines Vorgängers Westerwelle lautete: »Westerwelle ist gerührt. Steinmeier macht Außenpolitik.« Am Donnerstag schon reise Steinmeier nach Polen. Dort wolle er über die verfahrene Lage in der Ukraine sprechen. Er sei sich nur sicher, dass das Angebot der Europäer zu schwach gewesen sei, habe Steinmeier gesagt. Wie auf Zuruf seien in dem Moment Eilmeldungen über die Nachrichtenagenturen gelaufen, Russland wolle der Ukraine mit einem Kredit von wahnwitzigen 15 Milliarden Dollar helfen. Eine Antwort habe Steinmeier noch nicht, aber er werde sich auf die Suche machen. »Das ist es vielleicht, was manche hier im Weltsaal vermisst haben. Die Suche. Steinmeier bekommt viel Beifall«, endete die *Süddeutsche Zeitung*.[123]

Alles in allem zeigt gerade das Jahr 2013 deutlich die Gegensätze, denen sich Frank-Walter Steinmeier seit der Organtransplantation des Jahres 2010 stellte und mit denen er sich auseinanderzusetzen hatte. Und zwar in einem Maße, das weit über den Spagat hinausgeht, den das Leben anderer Politiker darstellt. Doch so gewagt der Spagat zwischen Familienleben und der häuslichen Heimat Zehlendorf auf der einen sowie der großen Welt als politischer Bühne auf der anderen Seite auch wirkt, Frank-Walter Steinmeier hat ihn allem Anschein nach in dieser Zeit und danach eindrucksvoll gemeistert. Er und seine Frau Elke Büdenbender wirkten durch die Ereignisse der vergangenen Jahre noch enger verbunden. Auf der anderen Seite erfüllte ihn die politische Arbeit sicher noch intensiver, als es ohne die Neuausrichtung seines Privatlebens möglich gewesen wäre.

Zwischen Höhenflug und Wut

Es gibt im Leben eines Politikers Entwicklungen, die sich nur schwer erklären lassen. Etwa wenn es um deren Beliebtheit geht. So war erst am 14. Dezember 2013 öffentlich geworden, Frank-Walter Steinmeier würde als Außenminister in das neue Kabinett einziehen – nachdem er in den Jahren zuvor eben vor allem Oppositionsführer war. Doch allein diese Nachricht reichte allem Anschein nach aus, um seine Beliebtheit in der Öffentlichkeit noch einmal deutlich zu steigern. Schon zu Beginn des Februars 2014 wurde er in der monatlichen Umfrage des ARD-DeutschlandTrends als beliebtester Politiker des Landes geführt, stieß damit Kanzlerin Merkel vom Thron, die den Spitzenplatz rund zwei Jahre unangefochten verteidigen hatte können.

Unter der Überschrift »Politikerzufriedenheit: Frank-Walter Steinmeier beliebtester Politiker« hieß es in der Auswertung: »Außenminister Frank-Walter Steinmeier konnte in den zurückliegenden Wochen sein Ansehen bei der Bevölkerung massiv verbessern (+ 17 Punkte seit Dezember letzten Jahres) und bekleidet mit nun 70 Prozent Zustimmung Platz 1 der Politikerrangliste. Er knüpft damit an die hohen Zustimmungswerte an, die er während seiner früheren Amtsperiode als Außenmi-

nister erreichen konnte (damaliger höchster Wert im Deutsch-
landTrend Dezember 2008: 74 Prozent). Auf Platz zwei folgt
Bundeskanzlerin Angela Merkel, die durch ein geringfügiges
Plus von 1 Punkt derzeit auf 69 Prozent Zustimmung kommt.
Kaum geringer fällt mit 68 Prozent (+ 2) die Unterstützung für
Finanzminister Wolfgang Schäuble aus.«[124] Medien wie die *Zeit*
werteten diese Ergebnisse so, dass die Bürger zufrieden mit der
Arbeit des Politikers Steinmeier seien. Was allerdings nur in
Grenzen der Wahrheit entsprechen konnte. Schließlich waren
seit der Amtsübernahme Steinmeiers nicht einmal acht Wochen
vergangen, und zu diesen acht Wochen zählte die traditionell politisch eher ereignisarme Weihnachtszeit. Steinmeier hatte also
im Grunde kaum etwas tun können, um die Zuneigung der Menschen zu erlangen. Und das, was er tatsächlich getan hatte, stieß
nicht einmal auf eindeutige Zustimmung. »Der Ruf nach einem
stärkeren internationalen Engagement Deutschlands – sowohl
Bundespräsident Joachim Gauck als auch Außenminister Steinmeier hatten dies öffentlich gefordert – trifft nur auf eine ver-
haltene Reaktion in Deutschland: 52 Prozent der Befragten des
DeutschlandTrend finden diesen Kurs grundsätzlich richtig, 44
Prozent der Befragten nicht«, schrieb etwa die *Zeit*.[125] Zwar hielten 80 Prozent der Befragten eine stärkere humanitäre Hilfe für
richtig, die Ausweitung militärischer Einsätze mit den internationalen Partnern stieß dagegen nur bei 20 Prozent auf Zustimmung. Was im Umkehrschluss bedeutete: Die tatsächliche politische Arbeit des Außenministers Steinmeier konnte zu jenem
Zeitpunkt im Grunde nicht wirklich entscheidend für dessen Hö-
henflug auf der Beliebtheitsskala sein. Das wird noch an anderer
Stelle deutlich: Während Steinmeiers Beliebtheit ihn im Februar 2013 auf den ersten Platz hievte, landete die damals eben-

falls noch neue Verteidigungsministerin Ursula von der Leyen
mit nur 43 Prozent Zustimmung abgeschlagen auf dem sechsten
Rang hinter dem damaligen Linken-Fraktionschef Gregor Gysi.
Die meisten Befragten hielten den Wechsel von der Leyens ins
Verteidigungsministerium für keine gute Entscheidung. Wenn es
nun aber um die Bewertung der politischen Arbeit Frank-Walter Steinmeiers zu dieser Zeit geht, dann muss dazu auch gesagt
werden: Mit seiner Forderung nach einem stärkeren internationalen Engagement Deutschlands unterstützte Steinmeier Ende
Januar 2013 genau diese Ursula von der Leyen. Sie hatte zuvor
dafür plädiert, Deutschland müsse mehr Verantwortung übernehmen, und war dafür von den Wählern in besagter Umfrage
wenig später regelrecht abgewatscht worden. Steinmeier hatte
sich zu den Forderungen der Verteidigungsministerin zunächst
nur sehr zurückhaltend geäußert, schwenkte jedoch schon bald
in die gleiche Richtung um. Wieder waren es dann Medien wie
die *Zeit*, die Steinmeiers Meinung in die Öffentlichkeit trans-
portierten: Deutschland sei ›zu groß, um die Weltpolitik nur zu
kommentieren‹, habe der SPD-Politiker betont. Er begründete
dies dem Artikel zufolge unter anderem mit der ökonomischen
Bedeutung der Bundesrepublik, aber auch mit geänderten Interessen der USA. »Die großen Konflikte der Welt seien näher an
Europa herangerückt. ›Ihre Folgen sind auch in Deutschland unmittelbar zu spüren‹, sagte Steinmeier.«[126] Der Außenminister
habe in dem Zusammenhang von einer tätigen Außenpolitik gesprochen, die jedoch nicht allein an einer Bereitschaft zu militä-
rischem Handeln gemessen werden dürfe.

Doch solche Aussagen wurden eben gerade Frank-Walter
Steinmeier nicht übel genommen, vielmehr steigerten sie nur
noch das Vertrauen in seine Person und sein Handeln. Das wur-

de einen Monat später deutlich, als die ARD ihren nächsten DeutschlandTrend veröffentlichte. In jenem Monat stand das Thema der Krisenvermittlung im Konflikt zwischen der Ukraine und Russland im Fokus. Wieder war die Meinung der Befragten deutlich: Mit 64 Prozent trauten zwei Drittel gerade Frank-Walter Steinmeier und Kanzlerin Merkel zu, einen wichtigen Beitrag zur Konfliktlösung zu leisten. Besonders interessant erscheint diese Zustimmung im Vergleich mit anderen internationalen Politikern: Dem US-Präsidenten Obama trauten nur 37 Prozent einen solchen wichtigen Beitrag zu – 59 Prozent dagegen stellten genau das infrage. Auch bei UN-Generalsekretär Ban Ki Moon waren nur 50 Prozent der Befragten dieser Meinung.

Und so ging es weiter: Das Vertrauen in Steinmeier blieb ähnlich unerschütterlich wie seine Beliebtheit groß. Im Mai 2014 war der Außenminister erneut der beliebteste Politiker des Landes, während andere wie Kanzlerin Merkel an Beliebtheit einbüßten. Der ARD-DeutschlandTrend aus dem Mai 2014 fasste die Stimmung im Lande so zusammen: »Auch im Mai konzentrieren sich die Sympathien der Bundesbürger auf drei Koalitionspolitiker: Frank-Walter Steinmeier, Wolfgang Schäuble und Angela Merkel. Während der Außen- (71 Prozent, +/– 0) und der Finanzminister (68 Prozent, – 1 Prozentpunkt) ihre jeweiligen Zustimmungswerte vom Vormonat in etwa halten können, verliert die Bundeskanzlerin binnen Monatsfrist erkennbar an Zuspruch (– 7). Mit 65 Prozent fällt die CDU-Vorsitzende auf ihren niedrigsten Sympathiewert seit Mai 2013. Dennoch setzt sie sich im Urteil der Bundesbürger weiterhin deutlich von den anderen Politikern in Berlin ab.«[127]

An der Beliebtheit Steinmeiers sollte sich in der folgenden Zeit kaum etwas ändern. Denn im November 2014 führte er wei-

ter das Ranking der beliebtesten Politikers Deutschlands unangefochten an, auch wenn Angela Merkel inzwischen ein wenig verlorenen Boden hatte gut machen können.[128]

Was zu der Frage führt, worauf diese Beliebtheit letztlich beruht. Die Antwort führt wieder zurück in die erste Amtszeit des
Außenministers Steinmeier. Damals schon nahmen ihn die Menschen schnell als einen Politiker wahr, der tatsächlich weiß, was
er tut, und außerdem nicht ehrfürchtig vor den Größen dieser
Welt einknickt, sondern das Gefühl vermittelt, er stehe mit diesen
Personen auf einer Ebene. Zwar hatte seine Organspende Steinmeier inzwischen einen weiteren Popularitätsschub verschafft,
dass er sich jedoch so schnell und dauerhaft die Spitzenposition
unter den deutschen Politikern sichern konnte, das lässt sich nur
mit dem Glauben an seine Effizienz und Vertrauenswürdigkeit erklären, die er nach der erneuten Amtsübernahme binnen kürzester
Zeit wieder zeigen konnte und durfte.

Hinzu kam vielleicht, dass sich der oft als ein wenig trocken
wahrgenommene Politiker Steinmeier inzwischen in gewissem
Maße hatte freischwimmen können. Das wurde auch deutlich bei
einer Veranstaltung im Mai des Jahres 2014, die die Popularität des Außenministers noch einmal deutlich und in einer für ihn
eher ungewöhnlichen Art und Weise steigerte. Bekannt oder gar
regelrecht berühmt wurde dieser Vorfall unter dem Titel »Steinmeiers Wutrede«. Diese Rede wurde später mit den Worten kom-
mentiert, der Politiker sei »ausgeflippt«, was Steinmeier wiederum auf YouTube zu einem regelrechten Star werden ließ, dessen
Ausführungen auf dem Videoportal mehr als zwei Millionen Mal
aufgerufen wurden.[129] Was allerdings wieder einmal zeigte, dass
es oftmals gar nicht mehr um den Inhalt von Worten geht, sondern vor allem darum, in welcher Form sie ausgesprochen oder in

diesem Fall wohl eher herausgeschrien werden. Der eigentliche Hintergrund bleibt dann oft im Dunkeln.

In diesem Fall stellte sich der Hintergrund so dar: Am Montag, dem 19. Mai 2014, hatte die SPD zu einer Wahlkampfveranstaltung auf dem Berliner Alexanderplatz geladen. Zu dieser Zeit aber gingen an Montagen einige Menschen auf die Straßen, um gegen die Medien und auch die großen Parteien zu demonstrieren. Aus Gründen wiederum, die mehr oder weniger mit dem Konflikt in der Ukraine und dessen Auswirkungen in Zusammenhang standen.

Einige dieser Demonstranten hatten sich nun auf dem Alexanderplatz eingefunden, wo sie ihren Unmut in Form von Schildern mit Aufschriften wie »Weg mit EU und Nato« ausdrückten und zudem dem Redner Steinmeier quasi als Begrüßung die Worte »Kriegstreiber!, Kriegstreiber!« entgegenschrien.[130] Steinmeier jedoch hatte zu diesem Zeitpunkt bereits seit Monaten versucht, zwischen der Ukraine und Russland zu vermitteln und auf eine Lösung hinzuarbeiten. Die Äußerungen der Demonstranten mussten auf ihn wie eine ungerechtfertigte Ohrfeige gewirkt haben. Er reagierte daher äußerst erregt und brüllte seine Antwort ungewohnt laut zurück in die Menge: Die Menschen sollten sich einmal überlegen, wen sie als Kriegstreiber bezeichneten. Wenn man den Frieden wolle, dann dürfe man es sich nicht so einfach machen. Wer eine ganze Gesellschaft als Faschisten bezeichne, der heize einen Konflikt eher noch an. Denn die Welt bestehe nicht nur aus Friedensengeln auf der einen und ausgemachten Bösewichten auf der anderen Seite. Vielmehr sei die Welt dann doch deutlich komplizierter. Der Auftritt mündete darin, dass wohl zum ersten Mal überhaupt eine Rede Frank-Walter Steinmeiers als furios zusammengefasst wurde. Und er schärfte damit

noch einmal das Bild eines Politikers, der wirklich wusste, wo-
von er redete, und der sich nicht von einigen wenigen, aber dafür
umso lauteren Stimmungsmachern einschüchtern ließ. Dass es
sich bei diesen Stimmungsmachern um einige wenige handelte,
dafür steht nicht zuletzt der Umstand, dass die sogenannte Wutrede keinerlei negativen Einfluss auf die Beliebtheitswerte Frank-
Walter Steinmeiers hatte.

Er selbst zeigte sich in den Folgetagen sichtlich überrascht
über den medialen Erfolg seines Auftritts auf dem Alexanderplatz, war jedoch trotz der großen Resonanz etwa auf YouTube nicht wirklich stolz auf seine Worte beziehungsweise die Art,
wie er sie aussprach. Den Auslöser beziehungsweise Hintergrund
seines Ausbruchs beschrieb er gegenüber der Deutschen Presse-
Agentur dpa so: »Dieses Maß an Hass und Dummheit, das mir
auf dieser Veranstaltung entgegenschallte, hat mich in einem so
hohen Maße empört, dass diese Rede so zustande kam, wie sie
zustande kam.«[131] Er werde nicht zulassen, dass Radikale von
rechts oder auch von links dieses Europa zerstörten. Es habe in
den Wochen vor dem Tag auf dem Alexanderplatz bereits Be-
schimpfungen auf Steinmeiers Facebook-Seite gegeben, die ge-
löscht werden mussten.

Und vielleicht ist zusammenfassend all das ein weiterer Grund
für die anhaltende Beliebtheit des Politikers. Dass er sich eben
von keiner Seite vereinnahmen lässt, sondern statt politischer
Ränkespielchen oder einem wie auch immer gearteten Populis-
mus dem gesunden Menschenverstand den Vorzug gibt.

Schlussbemerkung: Der Kandidat

Frank-Walter Steinmeiers »Wutrede« aus dem Frühjahr 2014 sollte lange nachhallen. Noch Ende 2016 wurde sie von den Medien erwähnt, wenn es um eine Beschreibung des designierten Bundespräsidenten ging. Eben weil sie ein Beispiel war, mit dem man die Beliebtheit des Politikers zu erklären versuchte. Und sie wird auch aus dem Grund immer wieder angeführt, weil gerade Reden eines der wichtigsten Instrumente eines deutschen Bundespräsidenten sind. Außer seinen Worten stehen dem Staatsoberhaupt schließlich nur wenig Mittel zur Verfügung, um auf die Menschen oder die Stimmung im Lande einzuwirken. Was immer wieder auch zu der Frage führte, ob gerade der oft als Technokrat verschriene Steinmeier genau dieses Instrument zu nutzen wisse. Gerade um in diesem Zusammenhang den Zweiflern etwas entgegenzuhalten, wurde eben die frei und ohne große Vorbereitung gehaltene Ansprache vom Alexanderplatz immer wieder erwähnt.

Vergessen wurde dabei jedoch oft, dass die Menschen den Politiker Frank-Walter Steinmeier eben längst aus ganz anderen Gründen zu schätzen wussten. Mitreißendere Reden mochten andere halten, doch er hatte etwas, das man mit anderen Politikern eben nicht verband. »Er wirkt stets klug, uneitel und freundlich. Gemäßigt, seriös«, schrieb die *Zeit* einmal über die Wirkung des Politikers auf die Menschen.[132] Er gebe ihnen zudem das Gefühl, bei ihm sei die Politik in guten Händen, die sie selbst nicht mehr verständen. Diese Überzeugung beruhe nicht zuletzt auf der großen politischen Erfahrung Steinmeiers. Denn neben Wolfgang Schäuble und Angela Merkel gebe es eben keinen anderen Politiker mehr, der auf eine derart lange Regierungszeit zurückblicken könne. Genau das ist ein Punkt, der nur zu oft vergessen wird, wenn es um Steinmeier geht: Dass er seit nunmehr fast 20 Jahren die Geschicke in diesem Land maßgeblich mitbestimmt hat. So lange ist es inzwischen schon her, dass ihn Kanzler Gerhard Schröder im November 1998 zum Staatssekretär im Bundeskanzleramt und zum Beauftragten für die Nachrichtendienste bestellte. Ein gutes halbes Jahr später wurde er im Juli 1999 zum Chef des Bundeskanzleramts, hat seitdem über all die Jahre hinweg die Politik in Deutschland geprägt. In dieser Zeit registrierten die Menschen im Land außerdem, dass Steinmeier niemand ist, der stur den Statuten seiner Partei folgt, sondern bei dem immer Überzeugungen im Vordergrund stehen, selbst wenn er sich damit im Grunde auf die Seite der Union beziehungsweise von Kanzlerin Angela Merkel schlägt. Das wurde unter anderem deutlich, als in Deutschland der Begriff Flüchtlingskrise die öffentliche Diskussion bestimmte und sich die Politiker mühten, dem Volk nach dem Mund zu reden, anstatt einmal wirklich über das Thema und die vielschichtigen Hintergründe nachzudenken. Wohl fast jeder erinnert sich noch an den Satz »Wir schaffen das!« der Kanzlerin auf der einen Seite und auf der anderen Seite die Befürchtungen, ob das Land angesichts von mehr als 1,5 Millionen Flüchtlingen nicht bald seine Belastungsgrenze erreiche. In dieser Zeit rückten immer wieder Politiker von Angela Merkel ab, um nicht durch ein öffentlich geäußertes Festhalten an deren Position womöglich Wählerstimmen zu verlieren. Genau in diese Phase fiel eine Reise der Kanzlerin nach Indien im November 2015. Mit dabei: eine Wirtschaftsdelegation und eben Außenminister Frank-Walter Steinmeier. Über diese Reise berichtet seinerzeit unter anderem der *Spiegel*[133], der in dem Zusammenhang erwähnte, eigentlich hätte Wirtschaftsminister Sigmar Gabriel von der SPD ebenfalls teilnehmen sollen, der habe jedoch kurzfristig abgesagt – und kommentiere nun daheim fleißig die Flüchtlingskrise. Was eventuell natürlich als ein Abrücken von der Position der Kanzlerin interpretiert werden konnte. Von Frank-Walter Steinmeier dagegen war laut dem Artikel kein Wort zu vernehmen, das als ein Abrücken von Angela Merkel zu interpretieren wäre. Vielmehr sei das Gegenteil der Fall gewesen: Er habe stattdessen den Eindruck vermittelt, er halte wenig von den ständig wiederholten Warnungen, Deutschland hätte seine Belastungsgrenzen erreicht oder möglicherweise gar bereits überschritten. In diesem Zusammenhang zeige sich Steinmeier eher als Merkelianer und weniger nahe bei SPD-Chef Gabriel. Was erneut ein Beispiel ist, dass der künftige Bundespräsident sich eben nie an kurzlebige und wenig fundierte Meinungsströme hängt, sondern immer die langfristigen Entwicklungen im Blick behält, so wenig wählerwirksam solche Positionen auch im Augenblick sein mögen. Das mochte kurzfristig für Irritationen bei den Menschen gesorgt, gleichermaßen aber die Überzeugung gestärkt haben, dieser Herr Steinmeier habe einfach eine unbeugsame und fundierte Überzeugung, der er folge und von der er andere überzeugen wolle und das meist auch könne.

Manchmal allerdings tritt auch ein Frank-Walter Steinmeier in das viel zitiert Fettnäpfchen, wenn er zu seinen Überzeugungen steht und dies öffentlich zum Ausdruck bringt. Das war speziell im Jahr 2015 der Fall, als das deutsche Parlament mit großer Mehrheit die sogenannte Armenien-Resolution beschlossen hatte, mit der die Massentötung Hunderttausender Armenier im Osmanischen Reiche vor 100 Jahren als Völkermord eingestuft wurde – was in der Türkei zu intensiven Protesten führte. Steinmeier wurde in dem Zusammenhang nachgesagt, er hätte den Begriff Völkermord gerne verhindert. Er galt als offensivster Gegner des Begriffs, da dieser seinen Aussagen nach den Holocaust relativiere. Er habe vielmehr darauf gesetzt, Türken und Armenier für eine gemeinsame Aufarbeitung des Geschehens und eine Annäherung zu gewinnen. Eine Position, die ihm von vielen Seiten Kritik einbrachte, da neben dem deutschen Parlament unter anderem das EU-Parlament und der Papst die Taten als Völkermord verurteilten. Es folgte eine Reihe äußerst kritischer Abhandlungen in den Medien zur Position des Außenministers, etwa ein Kommentar in der *Süddeutschen Zeitung*, der mit »Der absurde Herr Steinmeier« überschrieben war.[134] Seine Äußerungen im Zusammenhang mit dem Holocaust, hieß es dort, seien geradezu dreist. Er würde seine eigene Position überschätzen, habe sich damit jedoch zum Glück nicht durchsetzen können.

Doch Frank-Walter Steinmeier hatte eine Meinung, und an der hielt er fest. So gab er dem *Tagesspiegel* ein Interview, in dem er noch einmal erklärte, er habe darauf gesetzt, Türken und Armenier für die besagte gemeinsame Aufarbeitung und letztlich eine Annäherung gewinnen zu können. »Das ist nicht einfach in einer Situation, in der auch 100 Jahre danach Fakten,

Geschichte und Vorgeschichte, Geschichtsschreibung, Sätze und Halbsätze zwischen Eriwan und Ankara im Streit sind. Ich habe es für unklug gehalten, diesen höchst sensiblen Prozess von außen zu gefährden, und ich befürchte: Allein mit der Entscheidung für den Genozidbegriff ist es nicht getan«, zitierte ihn das Blatt.[135] Wie erwähnt sorgte Steinmeiers Standpunkt für Irritationen, doch bald schon war auch dieses Thema zumindest in der Öffentlichkeit wieder vergessen, wurde spätestens 2016 von dem anstehenden Wechsel des Außenministers in das Amt des Bundespräsidenten überlagert. Verbunden damit war dann erneut die Frage, wie gut Steinmeier dieses Amt ausfüllen würde und vor allem, wie er als oberster Repräsentant das Land durch die aktuell schwierigen Zeiten manövrieren könne.

Spiegel Online widmete sich diesem Thema am 6. Januar 2017 unter dem Titel »Plan B_ellevue«, einem Wortspiel in Zusammenhang mit dem Amtssitz des Bundespräsidenten im Berliner Schloss Bellevue. Der Artikel begann mit dem Hinweis, Steinmeier habe es über Weihnachten und Neujahr etwas ruhiger angehen lassen und Urlaub in Bozen in Südtirol gemacht. Werde er tatsächlich zum Bundespräsidenten gewählt, müsse er künftig nicht mehr von einem Krisengipfel zum nächsten hetzen, werde er wohl deutlich weniger als die sonst üblichen 400 000 Reisekilometer pro Jahr hinter sich bringen müssen. »Einfacher wird die Aufgabe als Staatsoberhaupt deshalb nicht. Der langjährige Kanzleramtschef Steinmeier war mit einer Unterbrechung als SPD-Fraktionsvorsitzender immer ein Mann der Exekutive. Nun muss er den gemächlichen Takt von Schloss Bellevue lernen – und dabei das Land als oberster Repräsentant durch schwierige Zeiten manövrieren«, schrieb *Spiegel Online* weiter.[136]

Wie genau das funktionieren solle, darüber machten sich, wie es hieß, bereits einige kluge Köpfe aus Steinmeiers Umfeld Gedanken. Sie würden darüber nachdenken, welche Botschaften der neue Bundespräsident setzen und welchen Stil er pflegen solle. Steinmeier selbst würden vor allem zwei Themen umtreiben, und zwar die Stabilität der Demokratie sowie die Zukunft Europas. In diesem Zusammenhang sei immer auch die gestörte Kommunikation zwischen »denen da oben« und »denen da unten« ein Thema, so *Spiegel Online* weiter. Steinmeier habe zudem immer wieder vor den sogenannten Echokammern gewarnt. Also jenem Phänomen unserer Zeit, dass Menschen via Internet nur mehr mit solchen Personen kommunizierten, die der gleichen Meinung wie sie selbst sind, und die dann gemeinsam Vorurteile austauschten, sich in der Folge auf diese Weise gegenseitig in ihren Ansichten bestätigten.

Daneben sei zu erwarten, Steinmeier werde sich mit der Medienthematik befassen. Seiner Meinung nach sei die Verbreitung von Fakten und Informationen in Deutschland wichtig, aber auch gefährdet.

Solche Themen mögen angesichts der weltweiten Krisenstimmung, die von kriegerischen Auseinandersetzungen ebenso wie von Terrorangst geprägt ist, fast nachrangig oder nebensächlich wirken. Doch es ist in diesem Fall eben so, dass sie einen Menschen und einen Bundespräsidenten beschäftigen, der über den Tag hinausdenkt. Und wer über den Tag hinausdenkt, der kommt dann bald auch zu dem Schluss, all dem könne nur entgegengetreten werden, wenn die wirklichen Ursachen bekämpft werden, die eben nicht erst dort zu suchen sind, wo sie dann am Ende die große Politik beschäftigen – sondern dort, wo sei den Einzelnen umtreiben, der daraufhin Kontakt zu Gleichgesinnten sucht. Und genau das ist vielleicht das, was von einem Bundespräsidenten Frank-Walter Steinmeier zu erwarten und zu erhoffen ist: Dass er eben nicht auf die Schnelle, dafür aber nur kurzlebige Erfolgsmeldung setzt, sondern vielmehr tatsächlich nach einer langfristigen Lösung sucht. Schafft er das, hat er vermutlich mehr erreicht als alle Bundespräsidenten vor ihm.

Anmerkungen

1 https://www.youtube.com/watch?v=sNSstLSv-_I.

2 http://www.spiegel.de/politik/deutschland/bundestagswahl-2009-steinmeier-wird-kanzlerkandidat-der-spd-a-576754.html.

3 http://www.spiegel.de/politik/deutschland/tv-duell-mit-merkel-steinmeier-punktet-bei-den-waehlern-a-648715.html.

4 https://www.youtube.com/watch?v=shCcnU171uM.

5 http://www.frank-walter-steinmeier.de/zur-person/mein-werdegang/381-meine-kindheit.html.

6 Torben Lütjen, *Frank-Walter Steinmeier – Die Biografie*, Herder 2009.

7 http://www.auswaertiges-amt.de/DE/Infoservice/Presse/Reden/2009/090519-tutzing.html.

8 http://www.frank-walter-steinmeier.de/zur-person/mein-werdegang/381-meine-kindheit.html.

9 http://www.stern.de/politik/deutschland/frank-walter-steinmeier-aussen-minister--innen-dorf-3092106.html.

10 http://www.buechersammler.de/friedrich-wienke-ein-lippischer-zieglerdichter/.

11 http://www.frank-walter-steinmeier.de/17-zur-person/mein-werdegang/382-etwas-bewegen.html.

12 Torben Lütjen, *Frank-Walter Steinmeier – Die Biografie*

13 http://www.spiegel.de/einestages/schulfreund-steinmeier-a-949601.html.

14 http://gymnasium-blomberg.de/2009/08/22/4336/.

15 http://www.frank-walter-steinmeier.de/17-zur-person/mein-werdegang/383-meine-zeit-an-der-uni.html.

16 Ebd.

17 http://www.giessener-allgemeine.de/Home/Stadt/Uebersicht/Artikel,-Naechster-Bundespraesident-Was-Steinmeier-ueber-seine-Zeit-in-Giessen-sagt-_arid,682114_regid,1_puid,1_pageid,113.html.

18 http://www.faz.net/aktuell/politik/staat-und-recht/steinmeiers-jugend-was-nicht-zusammengehoert-1694853.html.

19 http://www.stern.de/politik/deutschland/spitzenkandidat-der-spd-auf-der-suche-nach-frank-walter-steinmeier-3428752.html.

20 Torben Lütjen, *Frank-Walter Steinmeier – Die Biografie*.

21 http://www.frank-walter-steinmeier.de/meine-zeit-an-der-uni.html.

22 Ebd.

23 http://www.cicero.de/berliner-republik/wer-ist-frank-walter-steinmeier-wirklich/38635.

24 http://www.spiegel.de/lebenundlernen/uni/plagiatsvorwurf-gegen-frank-walter-steinmeier-a-925135.html.

25 http://www.spiegel.de/lebenundlernen/job/steinmeiers-doktorarbeit-wortgleichheit-und-plagiate-a-931853.html.

26 http://www.stern.de/politik/deutschland/spitzenkandidat-der-spd-auf-der-suche-nach-frank-walter-steinmeier-3428752.html.

27 Torben Lütjen, *Frank-Walter Steinmeier – Die Biografie*.

28 Ebd.

29 https://www.welt.de/print-welt/article631562/Frank-Walter-Steinmeier-Schroeders-Mann-fuers-Freundliche.html.

30 http://www.wvao.org/index.jsp?path=/pages/open_news/wissen_aktuell/doc14092.xml;jsessionid=C4EFBF2D82CD5EADC5AAC61CD73D466A.

31 http://www.bild.de/politik/2009/wie-meine-haare-ueber-nacht-schlohweiss-wurden-8558940.bild.html.

32 Frank-Walter Steinmeier, *Mein Deutschland – Wofür ich stehe*, C. Bertelsmann 2009, S. 59 ff.

33 http://www.frank-walter-steinmeier.de/politische-arbeit.html.

34 Frank-Walter Steinmeier, *Mein Deutschland – Wofür ich stehe*,
    C. Bertelsmann 2009.

35 Ebd.

36 http://www.frank-walter-steinmeier.de/politische-arbeit.html.

37 Frank-Walter Steinmeier, *Mein Deutschland – Wofür ich stehe*,
    C. Bertelsmann 2009.

38 http://www.stern.de/politik/deutschland/spitzenkandidat-der-spd-auf-der-
    suche-nach-frank-walter-steinmeier-3428752.html.

39 http://www.frank-walter-steinmeier.de/politische-arbeit.html.

40 Frank-Walter Steinmeier, *Mein Deutschland – Wofür ich stehe*,
    C. Bertelsmann 2009.

41 Frank-Walter Steinmeier, *Mein Deutschland – Wofür ich stehe*,
    C. Bertelsmann 2009.

42 Torben Lütjen, *Frank-Walter Steinmeier – Die Biografie.*

43 http://www.zeit.de/1998/41/Kanzlers_Wohngemeinschaft.

44 Frank-Walter Steinmeier, *Mein Deutschland – Wofür ich stehe*,
    C. Bertelsmann 2009.

45 https://www.welt.de/politik/article3352511/Der-Tag-an-dem-Lafontaine-die-
    Politik-aufmischte.html.

46 Frank-Walter Steinmeier, *Mein Deutschland – Wofür ich stehe*,
    C. Bertelsmann 2009.

47 Ebd.

48 https://www.welt.de/print-welt/article585401/Das-verflixte-erste-Jahr.html.

49 Ebd.

50 http://www.frank-walter-steinmeier.de/politische-arbeit.html.

51 Torben Lütjen, *Frank-Walter Steinmeier – Die Biografie*, Herder 2009.

52 Ebd.

53 Ebd.

54 http://www.bpb.de/apuz/26565/abloesung-der-regierung-vertagt-eine-analyse-der-bundestagswahl-2002?p=all.

55 http://www.zeit.de/2000/36/Dr_Makellos.

56 http://www.zeit.de/2000/36/Dr_Makellos/seite-2.

57 http://www.faz.net/aktuell/politik/zehn-jahre-nach-9-11/im-gespraech-frank-walter-steinmeier-wir-haben-uns-amerika-nicht-aufgedraengt-11165088.html.

58 Ebd.

59 Ebd.

60 Ebd.

61 Ebd.

62 https://akdigitalegesellschaft.de/2013/steinmeier-uber-geheimdienst-aktivitaten-2001-bebte-die-welt/.

63 http://www.bild.de/politik/inland/dr-frank-walter-steinmeier/interview-zur-prism-affaere-31400916.bild.html.

64 Ebd.

65 http://www.spiegel.de/politik/deutschland/irak-krieg-us-general-franks-lobt-bnd-hilfe-als-unbezahlbar-a-596969.html.

66 Ebd.

67 http://www.faz.net/aktuell/politik/inland/bnd-untersuchungsausschuss-steinmeier-ein-glaubwuerdiger-friedenspolitiker-1743730.html.

68 Ebd.

69 http://www.deutschlandradio.de/eu-ausschuss-berlin-lehnte-kurnaz-freilassung-ab.331.de.html?dram:article_id=200769.

70 http://www.badische-zeitung.de/deutschland-1/murat-kurnaz-steinmeier-hat-mir-viele-jahre-meines-lebens-gestohlen--126358082.html.

71 http://www.spiegel.de/politik/deutschland/fall-kurnaz-steinmeier-wuerde-wieder-so-entscheiden-a-462617.html.

72 http://www.tagesspiegel.de/themen/bundestagswahl-historie/serie-bundestagswahlen-2002-stoibers-niederlage-merkels-sieg/8589184.html.

73 Torben Lütjen, *Frank-Walter Steinmeier – Die Biografie*«, Herder 2009.

74 http://www.documentarchiv.de/brd/2003/rede_schroeder_03-14.html.

75 Frank-Walter Steinmeier, *Mein Deutschland – Wofür ich stehe*,
    C. Bertelsmann 2009.

76 https://de.scribd.com/document/29827781/2003-05-23-Aufruf-400-
    Wissenschaftler-gegen-Agenda-2010.

77 Frank-Walter Steinmeier, *Mein Deutschland – Wofür ich stehe*,
    C. Bertelsmann 2009.

78 Ebd.

79 https://dip21.bundestag.de/dip21/btp/16/16004.pdf.

80 https://www.youtube.com/watch?v=jHpGk851_1Y, ab Minute 05:00.

81 https://www.youtube.com/watch?v=Orli6l1hqnw.

82 http://www.spiegel.de/politik/deutschland/kanzler-entscheidung-2005-
    steinmeier-war-gegen-schroeders-neuwahl-plan-a-493889.html.

83 http://www.bz-berlin.de/artikel-archiv/steinmeier-ist-ein-faehiger-mann-mit-
    groer-erfahrung.

84 http://www.rp-online.de/politik/deutschland/warum-frank-walter-steinmeier-
    so-beliebt-ist-aid-1.4020226.

85 https://www.bundesregierung.de/Content/DE/
    Bulletin/2001_2007/2005/11/2005-11-30-rede-des-bundesministers-des-
    auswaertigen-dr-frank-walter-steinmeier-im-rahmen-der-aus.html.

86 Ebd.

87 http://www.sueddeutsche.de/politik/freilassung-von-susanne-osthoff-die-
    feuertaufe-des-ministers-1.777459.

88 Ebd.

89 http://www.spiegel.de/politik/ausland/aerger-ueber-assad-rede-steinmeier-
    sagt-kurz-vor-abflug-syrien-reise-ab-a-431803.html.

90 http://www.auswaertiges-amt.de/DE/Infoservice/Presse/Archivlisten_
    Reden/2007_ArchivReden_node.html?gtp=594926_unnamed%253D4.

91 Torben Lütjen, *Frank-Walter Steinmeier – Die Biografie*, Herder 2009.

92 http://www.zeit.de/online/2008/21/merkel-steinmeier-dalai-lama.

93 http://www.zeit.de/online/2008/21/merkel-steinmeier-dalai-lama.

94 http://www.focus.de/politik/diverses/dalai-lama-steinmeier-rechtfertigt-seinen-verzicht-auf-ein-treffen-mit-dem-geistlichen-oberhaupt-_aid_302316.html.

95 http://www.handelsblatt.com/politik/deutschland/aussenminister-brandenburger-spd-zieht-mit-steinmeier-in-bundestagswahl-2009/2831872.html.

96 http://www.spiegel.de/politik/deutschland/spd-ortsverein-kirchmoeser-wo-steinmeier-genosse-nummer-19-ist-a-496941.html.

97 http://www.handelsblatt.com/politik/deutschland/aussenminister-steinmeier-leitet-erstmals-das-bundeskabinett-kanzler-fuer-40-minuten/2996400.html.

98 http://www.spiegel.de/politik/deutschland/wikileaks-enthuellung-steinmeier-lud-frust-bei-us-botschafter-ab-a-732651.html.

99 http://www.tagesspiegel.de/politik/politbarometer-kurt-becks-umfragewerte-im-freien-fall/1178294.html.

100 http://www.spiegel.de/politik/deutschland/bundestagswahl-2009-steinmeier-wird-kanzlerkandidat-der-spd-a-576754.html.

101 Ebd.

102 Torben Lütjen, *Frank-Walter Steinmeier – Die Biografie*, Herder 2009.

103 http://www.handelsblatt.com/politik/deutschland/wahlkampf-steinmeier-2009-wird-das-finanzsystem-gezaehmt/3110860.html.

104 http://www.bundestagswahl-bw.de/bundestagswahl2009.html.

105 http://www.sueddeutsche.de/politik/bundestagswahl-elefantenrunde-die-oeffentliche-scheidung-1.32393.

106 https://www.welt.de/politik/bundestagswahl/article4646479/Wahlverlierer-Steinmeier-will-SPD-Fraktion-fuehren.html.

107 http://www.sueddeutsche.de/politik/frank-walter-steinmeier-politische-auszeit-ich-selbst-werde-der-organspender-sein-1.991277.

108 https://www.youtube.com/watch?v=LJv6GY5qTlo.

109 http://www.sueddeutsche.de/politik/elke-buedenbender-die-starke-frau-an-steinmeiers-seite-1.991396.

110 http://www.aerzteblatt.de/archiv/81154.

111 Ebd.

112 http://www.spiegel.de/politik/deutschland/steinmeier-auf-spd-parteitag-im-schatten-des-altkanzlers-a-801644.html.

113 Ebd.

114 http://www.n-tv.de/politik/Warum-Steinmeier-gegen-Merkel-antritt-article6956011.html.

115 http://www.faz.net/aktuell/politik/inland/spd-kanzlerkandidatur-steinmeier-habe-wegen-meiner-familie-verzichtet-11925512.html.

116 http://www.spiegel.de/politik/deutschland/spd-kanzlerkandidatur-steinmeier-verzichtet-fuer-seine-frau-a-861186.html.

117 http://www.tagesspiegel.de/berlin/bezirke/steglitz-zehlendorf/frank-walter-steinmeier-im-interview-zehlendorf-ist-unsere-heimat-geworden/8601078.html.

118 Ebd.

119 Ebd.

120 Ebd.

121 http://www.sueddeutsche.de/politik/amtsuebergabe-im-aussenministerium-westerwelle-ist-geruehrt-steinmeier-macht-aussenpolitik-1.1846216.

122 Ebd.

123 Ebd.

124 http://www.infratest-dimap.de/fileadmin/_migrated/content_uploads/dt1402_bericht.pdf.

125 http://www.zeit.de/politik/deutschland/2014-02/umfrage-steinmeier-merkel-seehofer.

126 http://www.zeit.de/politik/ausland/2014-01/aussenminister-steinmeier-internationale-konflikte.

127 http://www.infratest-dimap.de/fileadmin/_migrated/content_uploads/dt1405_bericht.pdf.

128 http://www.presseportal.de/pm/6694/2874043.

129 https://www.youtube.com/watch?v=YU3q5O65ju0.

130 http://www.spiegel.de/politik/ausland/steinmeier-bruellt-montagsdemo-auf-alexanderplatz-in-berlin-nieder-a-970571.html.

131 https://www.merkur.de/politik/youtube-steinmeier-nicht-stolz-seine-wutrede-zr-3574204.html.

132 http://www.zeit.de/politik/deutschland/2016-11/frank-walter-steinmeier-bundespraesident-cdu-spd.

133 http://www.spiegel.de/politik/ausland/angela-merkel-und-frank-walter-steinmeier-in-indien-das-duo-a-1056292.html.

134 http://www.sueddeutsche.de/politik/voelkermord-der-absurde-herr-steinmeier-1.2452850.

135 http://www.tagesspiegel.de/politik/mit-dem-genozidbegriff-ist-es-nicht-getan-steinmeiersieht-armenien-resolution-skeptisch/13599316.html.

136 http://www.spiegel.de/politik/deutschland/bundespraesident-in-spe-frank-walter-steinmeiers-plan-a-1128703.html.